CYN DAW'R GAEAF

MEG ELIS

Cyn Daw'r Gaeaf

Y FEDAL RYDDIAITH 1985

Llys yr Eisteddfod Genedlaethol
1985

Argraffiad Cyntaf - Awst 1985

ISBN 0 86383 164 8

Argraffwyd gan:
J. D. Lewis a'i Feibion Cyf., Gwasg Gomer, Llandysul

Dydd Iau, Medi 19.

'Roedd hi'n oeri heno wrth i mi bacio. Felly i'r cwpwrdd â mi i nôl dwy siwmper gynnes, eu stwffio nhw i mewn i'r rycsac ar ben yr holl drugareddau eraill. Pâr sbâr o jins (trydydd ora), sana cynnes. (Os cei di dy draed yn oer, mi aiff yn syth i dy ben di a dyna ti'n siŵr bownd o gael annwyd); cwpwl o lyfrau—*Hope and Suffering* Desmond Tutu, a nofel gan ryw ferch o ddechrau'r ganrif: 'tydw i ddim hyd yn oed yn cofio'r teitl, ond mae clawr gwyrdd Virago yn ddigon o warant.

Sach cysgu yn cymryd y rhan fwya o le'r rycsac, a hynny am nad ydw i bellach yn medru ei wasgu fo'n sypyn bach destlus, fel yr arferai fod pan fyddai o'n cael ei gludo bob penwythnos o brotest i wylnos i feddiannu i achos. Mae'r sach wedi bod yn gorwedd ar y gwely'n rhy hir. Ond mi lwyddais i'w gael o i mewn yn y diwedd. Torri cannwyll yn ei hanner wrth wasgu'r sach i mewn, er hynny—dim ots, mae 'na eraill. Cannwyll yn olau. 'Fydd hon ddim. Ei chodi hi allan, a'm llaw yn crafu yn erbyn metel. Be' oedd hwn rois i mewn . . .? Fy llaw'n ymbalfalu, creu sŵn metel, a dyma afael mewn pâr o bleiars a llif fechan . . . 'Richard?'

Mi roth o'i ben rownd drws y llofft, yn gwenu, yn gwybod.

'Ti rhoth nhw i mewn?'

'Meddwl y basan nhw'n handi i ti.'

A gwên rhyngom ni. Mi godais o 'nghwrcwd, gadael y rycsac, mynd ato fo, a rhoi 'mreichiau amdano fo. Wrth wneud, trio mygu'r awydd bradwrus i aros efo fo, yng nghynhesrwydd y tŷ, yn lle mentro allan i'r oerfel. 'Roedd bathodyn mawr ar fy siwmper yn gwasgu, pigo i mewn i mi wrth i mi wasgu'n dyn ato fo, a symudais yn rhydd.

'Mae'n rhaid i mi fynd i glwydo.'

'Iawn efo fi.' Richard yn gwenu eto.

'Isio cysgu 'rydw i. Codi'n uffernol o gynnar, a siwrna faith o'n blaena ni.'

'Oreit ta, bach.' Paratôdd yntau hefyd i fynd i'r gwely.

'Mi bicia'i i'w gweld nhw a diffodd y golau.'

Troedio ar draws y landin, ac agor drws llofft y plant yn ofalus. Deg o'r gloch, ond wyddoch chi byth efo Gerallt yn gysgwr mor ysgafn. Cysgu'r oedd o, er hynny, yn belen fach, ei bengliniau wedi'u tynnu i fyny at ei ên—yr ystum clasurol, meddan nhw—yr ystum 'roedd o ynddo fo'n barhaol flwyddyn yn ôl.

Ac Angharad yn y gwely, yn freichiau ac yn goesau i gyd a godreon y cwilt yn glymau o gwmpas ei choesau. Mi sythais hi a dillad y gwely. Troedio o'r stafell, diffodd y golau gwan, ond daliai'r lleuad fedi i dywynnu trwy hollt y llenni wrth i mi gau'r drws.

Dydd Gwener, Medi 20.

'Rydw i yma. Sgwennu wrth olau'r tân: rŵan mae fy llygaid yn cyfarwyddo â'r tywyllwch a'r goleuni, pan ddaw hwnnw, ond mae mwg y tân coed yn ein llygaid ni pa bynnag ffordd y chwytha'r gwynt. Mae'r genod yn dweud mai'r mwg ydi'r un peth na ddowch chi fyth i arfer ag o. Dygymod â'r baw, y budreddi, yr oerfel—yr oerfel y medra'i hanner ei deimlo heno, yn hofran jest allan o'n cyrraedd, fel bygythiad. Tua hanner awr yn ôl, wrth iddi dywyllu, teimlwn yn gynnes falch y tu mewn i mi fy hun 'mod i'n medru dygymod â'r oerfel, fy nghyfran i o galedi. Ond rŵan yr ydw i'n sylweddoli mai lwc ydi o, am ei bod hi'n noson braf o ha' bach Mihangel; ac mae mwg y tân coed yn fy llygaid i.

'Ddowch chi fyth i ddygymod ag o; llygaid coch a dagrau yn nod i'r gwersyll—fel 'tae angen un. Mae'r merched y siaredais i â nhw yn dweud y medrwch eu nabod nhw yn unrhyw fan. Pig y frân, porth uffern. Mi fyddwch yn gwybod. *Greenham women are everywhere.*

Dydd Sadwrn, Medi 21.

Yma o hyd. Sgwennu yng ngolau dydd rŵan, ar ôl cinio. (Swnio'n grand. Llysiau a reis wedi'u coginio mewn wok du bitsh dros yr un tân coed). A mwg y tân yn fy llygaid byth. Ond mae'n dal yn sych, yn braf hyd yn oed, a'r haul yn dangos trwy'r dail sydd ar ôl ar y coed. Pnawn tawel, ac amser i feddwl ac edrych yn ôl.

Ymddengys y daith yma mor bell yn ôl, am un peth. 'Roedd hi'n faith, wrth gwrs—ac yn feithach fyth, diolch i gyfuniad o 'ngyrru i a chyfarwyddiadau Gwenith. Pasio heibio i Milton Keynes—a 'fynnwn i ddim gwneud dim arall, diolch yn fawr, o'r hyn welais i o gyrion y lle. Syllai Gwenith trwy ffenest y car, a minnau'n cymryd ambell i gip—rargol, stadau tŷ-dol am y gwelach chi: mae'n siŵr eu bod nhw'n symud y bobl i fewn fesul uned efo'r ceginau parod a'r carpedi. Dinas y coed, ond yr unig goeden welais i oedd y lluniau ar fyrddau Barratts.

Bron nad oedd hi'n rhyddhad landio yn Rhydychen—er nad oedd y map i fod i fynd â ni yno, chwaith. Mae'r lle yn fyw, o leiaf. Rhy fyw o beth diawl, meddyliwn, wedi i mi fynd rownd yr un gylchfan am y drydedd waith. Dinas y breuddwydiais amdani—a minnau'n rhy brysur yn osgoi'r beics i syllu ar y tyrau a'r pinaclau. Dinas y buaswn wedi mwynhau loetran a sbecian ynddi—ond ein bod ni'n gorfod bwrw ymlaen.

O'r diwedd, dyma ni yn Newbury. 'Roeddwn yn falch fod Gwenith hefo mi i ddangos y ffordd tuag at y Comin—taswn i ar fy mhen fy hun yn y dref fasnachol foethus yma, mi fuaswn ofn am fy mywyd gofyn i neb am gyfarwyddiadau. Gweld arwydd o'r diwedd—ac yr oeddem wedi ei basio cyn i mi lawn sylweddoli mai brws paent protestiwr oedd wedi newid 'R.A.F. Greenham Common' i 'U.S.A.F.' Lle'r Americaniaid ydi o i bawb.

Gwelswn luniau o'r brif glwyd ar y teledu. Clywswn griw'r gangen C.N.D. yn sôn am y lle wedi iddynt ddychwelyd o'u tripiau protest diwrnod. Ond nid i'r brif glwyd yr aethom ni. Man pella oddi wrth y glwyd honno, 'laswn i feddwl—landio wrth Blue Gate, a Gwenith yn hongian allan o'r car ac yn rhoi sgrech wrth weld dwy hogan wrth y gwersyll yno. (Gwersyll. A finna'n dweud fy mod wedi gweld lluniau o'r brif glwyd. Hanner disgwyl nabod y lle. Gwersyll. Lle i fyw. Dim ond polythên ar bolion yn erbyn perth oedd yma, ddim hyd yn oed wedi ei gau i mewn. Agored i'r byd.)

Genod o flaen y tân gwanllyd, yn eistedd ar esgus o'r hyn fu gynt yn gadeiriau. Genod yn rhythu.

Mi barciais y car yn ddigon pell i ffwrdd. Gwenith yn gwybod y drefn, a minnau'n ddistaw ddiolchgar am y pellter. Yna cerdded at y gwersyll, heibio i glwb golff a thŷ crand, cyn croesi'r ffordd at Blue Gate. Gwenith yn bownsio 'mlaen, finna'n arafach y tu ôl, yn cloi 'mysedd yn sownd rownd cylch goriadau'r car ym mhoced fy nghot. Sgrech o lawenydd gan ferch efo gwallt gwyrdd Mohican, a Gwenith yn gweiddi'n ôl.

'Back again, Zee. What's been happening?'
'Women been comin' all day. Magic. Three

Safwn y tu ôl i Gwenith wrth iddi dyrchio yn ei phoced, edrych o gwmpas yn gyflym, ond safai'r plismyn wrth y glwyd, heb fod yn rhy agos at batshyn gwair lleidiog y gwersyll. Smôc. Zee yn gwenu.

'Stayin'?'

'Couple of nights. Emerald Camp.'

'Oh aye. Blue Gate Rowdies too much for yer, then?'

Chwarddodd y ddwy, a dilynais Gwenith yn ddyfnach i'r coed.

A dyma sut y dois i yma. Gwersyll Emrallt, a baner newydd yn hongian ar y coed, yn ychwanegiad, ond mor naturiol fel yr edrychai fel estyniad o'r dail. 'Roedd y dail a'r coed a'r gwair yn gartrefol—yr un fath ym mhobman, ac yn gysur.

A'r genod? Oeddan, 'roeddan nhwtha'n cymryd eu lle hefyd yng nghanol y coed a'r dail. 'Roeddan nhw'n edrych yn gartrefol. Hynny ydi, 'welais i 'run arall yng Ngwersyll Emrallt a edrychai fel Zee.

Prin y medra i gofio'u henwau i gyd rŵan, na'u matsio i'r wynebau. Mi ddaru Gwenith eu cyflwyno, fy nwyn i i mewn i'w cwmni yn syth wedi iddi hi gael ei chroesawu a'i chofleidio ganddyn nhw, ond wynebau yn y mwg ydi'r rhan fwya ohonyn nhw hyd yn hyn. Cofio enw Colleen, am iddi hi ddŵad i fyny ata i efo Gwenith ar ôl cinio rŵan, gofyn faswn i'n licio dŵad efo nhw o gwmpas y ffens i ymweld â rhai o'r gwersylloedd eraill. Mae isio mynd â'r pres dôl i rai o'r genod, ac mi fydd yn gyfle i weld y clwydi eraill. Cadw *Hope and Suffering* yn y rycsac am rŵan, felly—mae Gwenith yn dod at y tân, a Colleen yn ymuno â hi, wedi gorffen hongian dillad i fyny i sychu ar y canghennau.

Heno.   Yng ngwres a golau'r tân unwaith eto, a hithau'n hwyr. Rŵan y medra i sgwennu, a 'does arna'i ddim isio. Ond mae'n rhaid i mi. Mae'n rhaid i mi wynebu pan fy mod i yma.

Mi fuom am dro ar ôl cinio, yn ôl y bwriad. Wrth gerdded y llwybrau lleidiog rhwng y coed a'r weiren, llithro weithiau, osgoi brigau dro arall, dyna lle'r oeddwn i'n cynllunio sut y buaswn i'n sgwennu f'argraffiadau o'r lle a'r gwahanol olygfeydd, y gwahanol bobl. Rhan o'r rheswm dros ddod, a dweud y gwir—i mi gael hel f'argraffiadau fel cnau at y gaeaf. Ac edrych ymlaen at wanwyn llenyddol gynhyrchiol.

A dyna pam y cymerais ddiddordeb yn y cynlluniau 'roedd Colleen yn eu hamlinellu wrth Gwenith—un o'r cynlluniau gweithredu sy'n codi mor aml yn y gwersyll, yn tyfu yn y meddwl, yn cael eu lledaenu mor drylwyr mewn modd ymddangosiadol ddi-drefn: sibrydiad, gair, sgwrs mewn gwersyll gryn bum milltir i ffwrdd oddi wrth y llall, ond y neges yn lledu rywsut o un glwyd, o un gwersyll, nes bod yr hyn a ddechreuodd mor flêr yn ymddangos yn orffenedig ar yr amser iawn, mor orffenedig berffaith â gwe pry cop. Y we yn cael ei gwau, mor fregus, mor gryf.

Mi fyddai yna weithred heno. 'Roeddwn yn falch. Edrychwn ymlaen at y profiad. Edrychwn ymlaen at fachlud yr haul, a'r cychwyn. 'Roeddwn yno gyda'r lleill.

Gyda'r machlud, 'roedd merched o'r gwahanol wersylloedd i ymgynnull a sefyll yn rhes yn wynebu'r ffens, yn edrych i mewn. Gwneud dim, dim ond dal dwylo, sefyll, edrych tuag at y milwyr a'r cerbydau, yr ehangder y tu mewn, a'r silos sy'n codi fel estyniadau o'r dywarchen werdd. Sefyll yn glystyrrau distaw, yn syllu i mewn wrth i'r haul fynd i lawr. Cydio yn nwylo'n gilydd, ac yna dechrau llefaru enwau. Enwau merched nad oeddynt yno, merched a fu yma, merched fuasai wedi hoffi bod yma ond a rwystrwyd am ryw reswm neu'i gilydd. I ddechrau, 'fedrwn i wneud dim ond dilyn yr enwau a elwid gan y lleill, hanner deall pwy oeddan nhw o gofio sgyrsiau'r genod yn gynharach y pnawn.
'Claire . . .'
'Cindy, Cindy, Cindy.'
'Va - lerie . . . Va - lerie . . .'
'Barbara . . . Barbara . . . Barbara.' Seinio'i henw hi yn uchel ac yn siarp, mewn dicter at ei thrydydd carchariad mewn chwe mis.
'Janey . . .'
'Rose . . . Ro - ose.'
'Debbie . . . Anna . . . Betty . . . Lizzie . . .'
'Hiroko.' Y lleisiau oll yn cydio yn ei henw hi,

enw'r ferch o Siapan oedd newydd adael wedi pythefnos yn Greenham. 'Hiro - ko . . . Hi - ro - ko . . . Hiroko . . .' yn ubain dolefus yn y cyfnos, enw'r chwaer o Hiroshima fel galarnad yn y gwynt.

'Roedd gan bawb ei henw. Yn sydyn, 'roedd gen innau un hefyd, ac fe gododd enw fy hogan bach i ganol y machlud estron yma—
'Angharad — Angha - rad — Angharad—'
'Roedd yn rhaid i mi ddal i alw'i henw, ac i gydio'n boenus o dyn yn nwylo'r ddwy ferch ddieithr oedd o bobtu i mi. 'Roedd yn rhaid i mi feddwl mai'r lleisiau a'r dwylo oedd yr unig bethau yn y byd, neu mi ddeuai Angharad yn ei gwely i'm meddwl, Angharad a'i bawd yn ei cheg yn ei chwsg, ac yna fe ddeuai'r cysgod. Cysgod y silos yn eu hanferthedd taclus a'u twyll o dyweirch gwyrdd, yn gysgod du dros wely, dros gwsg, dros fywyd fy mhlant. 'Roedd yn rhaid i mi gydio yn y dwylo.

Dydd Sul, Medi 22.

Gollyngais fy ngafael. Yr ydw i'n ôl adref. Efo Richard ac efo'r plant, a Greenham yn ddim ond atgof a phrofiad i'w gofnodi. Wedi'r egwyl wrth y weiren neithiwr, aeth pethau ar chwâl, braidd. I mi, hwyrach—mi aeth bywyd a gweithredoedd y gwersyll ymlaen, wrth gwrs. 'Roedd yna weithredu mewn mannau arall ar hyd y *perimeter*, a chlywais y bore yma am griw o ferched o'r Glwyd Werdd wedi llwyddo i dorri drwy'r ffens yn nhrymder nos, ond 'roedd hyd yn oed hynny'n bell ac amherthnasol. Dail yn disgyn yn y gwynt, dyna'r cwbl. Erbyn i'r peth ddigwydd, 'roeddwn i'n cysgu.

'Doedd hi ddim yn brofiad od o gwbl, cysgu mewn bendar. Dieithrwch y peth wedi fy nghadw'n effro dipyn nos Wener, o bosib, ond erbyn neithiwr 'roeddwn yn gyfarwydd a phrofiadol. Yr oeddwn i'n lwcus eto, hefyd: lwcus fod Gwenith yn gelfydd wrth asio'r polythên wrth frigau'r coed yn ofalus, yn medru plygu canghennau fel na fyddai'r un yn torri, ond eu bod yn aros yn ffram naturiol gref, yn cymryd y gorchudd ac yn ein cadw'n glyd. Mi fu hi'n bwrw yn ystod y nos—a minnau heb sylweddoli nes i mi ddeffro tua hanner awr wedi saith, a gweld diferion yn ogystal â dail yn ffurfio patrwm tywyllach ar do'r bendar. Ond yr oeddem ni'n sych ac yn glyd—edrychais ar Gwenith, yn dal yn ei sach cysgu, ac ar ein tipyn dillad o'n cwmpas. Fel unrhyw wersyll, unrhyw babell. Yn sydyn, cofio pob Steddfod a Maes Pebyll y bu Gwenith a minnau ynddo erioed.

Codi, i sŵn canu isel wrth y tân: clwstwr o ferched, y paneidiau tragwyddol, a 'You can't kill the spirit' yn ein cyrraedd trwy'r mwg. Yfed, ymuno yn yr hanner-hymian, teimlo'r mwg eto'n llosgi ein llygaid. Ond yr oedd yn rhaid i ni fynd. Medrwn weld fod Gwenith yn gyndyn, a pha ryfedd? Y lle wedi bod yn gartref iddi, ar wahân i ysbeidiau yn awr ac yn y man, ers chwe mis. Ond gwyddai fod yn rhaid i mi gyrraedd yn ôl heno, fod y teulu a'r tŷ yn galw gen i.

Er mai diddorol i mi oedd gweld y gwersyll-oedd eraill a'r bobl wrth i ni gerdded yn ôl tuag at y car, mae'n rhaid i mi gyfaddef mai'r car ei hun oedd y nod, yr hafan, i mi, ac i mi deimlo rhyddhad wrth ei weld yn dal yno'n saff ac yn ddi-dolc yn y gilfan. (Saff oddi wrth bwy? Lesbiaid gwyllt ymosodol y Comin? Heddlu a milwyr yn feddw rydd o'u dyletswyddau am noson? Neu drigolion Newbury, yn gweld cyfle gwych i ddial?)

Mi gefais gysur o agor drws y car, teimlo cyfforddusrwydd y sêt wedi dau ddiwrnod o eistedd ar hen focsus, cadeiriau ffair sborion, a'r ddaear oer. Olwyn lywio'r car yn solet dan fy nwylo, teimlo fy rheolaeth dros y peiriant wrth iddo symud i ffwrdd, a'r glanhawyr yn sgubo ymaith oddi wrth y sgrin yr ychydig ddail oedd wedi cwympo.

Ychydig ddaru Gwenith a minnau siarad ar ddechrau na diwedd y daith—brysur yn meddwl ar y dechrau, a blinder tua'r diwedd. A phan ddaru ni sgwrsio, sôn yr oeddem ni am y merched y daethai hi i'w nabod, y rhai y cyfarfum i â nhw, am hanes a digwyddiadau yn ystod ei harhosiad hi yno yn yr haf a'r gwanwyn, ac am y gwersyll yn gyffredinol. Soniodd hi ddim am y weithred wrth y weiren, a 'fedrwn innau ddim bod y cyntaf i grybwyll y peth. Mi driais un neu ddwy o weithiau, ond 'roedd fy nghorn gwddw fel petai'n fferru, ac aeth y sgwrs ar hyd llwybrau diogelach, neu i dawelwch llwyr.

Ac yn y tawelwch, yn enwedig wrth nesau tuag adref yn y tywyllwch, yr oeddwn i'n meddwl. *Dyma fi wedi bod. Yn medru dweud rwan i mi fod yno. Yr ydw i wedi gwneud fy rhan.* Ac yna, yn llechwraidd fradwrus, a'r car ond rhyw ddeng milltir o'r tŷ— *'Fydd dim rhaid i mi fynd eto.*

Soniais i ddim am hynny wrth Gwenith, wrth gwrs, nac wrth Richard chwaith pan laniais yn ddiolchgar yng ngwres a golau a chysur y tŷ. Rhyfedd—fo oedd fwya awyddus i siarad am y peth, am y Comin y clywsai gymaint o siarad amdano yn sgyrsiau ein cymdeithas o hedd-ychwyr, hedd-garwyr a chydymdeimlwyr. Ar yr un pryd, 'roedd gen i fwy o ddiddordeb mewn cau'r llenni ar y gwynt a ddechreuasai godi, a rhoi 'nhraed i fyny, gweld y plant, a mynd i swatio yn y gwely.

Newydd roi'r plant yn eu gwlâu yr oedd Richard pan ddois i mewn, a thrwy ryw wyrth aethai'r ddau i gysgu bron yn syth. Eu gweld nhw yn union fel yr oeddan nhw pan adewais i'r tŷ i fynd i Greenham . . . fel petai'r peth heb erioed fod, heb eu cyffwrdd. Fel pe na bai enw Angharad wedi seinio yn y cyfnos fel wylofain pob mam erioed. Diffoddais y golau, a mynd allan.

'Roeddan nhw'n dangos Threads ar y teledu heno. 'Wyliais i ddim.

Dydd Gwener, Medi 27.

Syndod mor hawdd fu ail-afael yn yr awenau (a finna'n sgwennu fel tawn i wedi bod i ffwrdd am hydoedd) ac ailgychwyn gyda phethau arferol bywyd. 'Fu'r wythnos ddim gwahanol i'r rownd arferol o dacluso, glanhau, siopa. (Nodyn: cofio archebu dillad-isa thermal mewn digon o bryd—maen nhw'n addo gaea' caled, felly cystal mynd â'r car i mewn i'w drin hefyd). Lle'r oeddwn i? Ar y rownd. Yr un hen rownd, hefyd. Cerdded i'r ysgol: cerdded o'r ysgol. Ond mi sylwais ar un peth oedd yn wahanol—yndda i, efallai. Y dyrnaid bychan ohonom ni sy'n sôn am yr un pethau—yr iaith, heddwch—'roeddan nhw fore Llun i gyd yn trafod *Threads*. Cedwais draw. O, mi wn fod Rhian a Heulwen, o leia' yn gwybod i mi fod yn Greenham, ond gwên a sgwrs am y tywydd a'r plant rois i iddyn nhw hefyd. Fy ffrindia i. Pobl efo'r un diddordebau. *Diddordeb?* Ac am weddill y mamau? Oeddan, 'roeddan nhwtha hefyd yn trafod y teledu. *Dallas* a *Dynasty* ar bob tafod.

'Roeddwn i'n falch o fod y tu mewn i 'nrws fy hun, yn fy nhŷ fy hun.

Dydd Sadwrn, Medi 29.

Bûm wrthi drwy'r dydd yn paratoi'r tŷ at y gaeaf—yn rhy gynnar ac yn afresymol besimistaidd, o ystyried fod olion yr ha bach efo ni o hyd, ac yn gyndyn i droi'n hydref llawn. Ond mae archeb y dillad thermal yn y post, mae'r car wedi'i fwcio i'r garej, ac yr ydw inna newydd ista i lawr i gael panad wedi didol dillad gaea'r plant a rhoi'r llenni trymach i fyny ar y ffenestri.

Trwy'r amser y bûm yn gwneud hyn, dywedai fy llais rhesymol wrtha i mai bod yn gall yr oeddwn, paratoi gan fod gen i wythnos brysur o 'mlaen efo cyfarfodydd C.N.D., cymdeithas rhieni ac athrawon ac ati. Gwybod trwy'r adeg nad dyna'r rheswm. A methu deall be' ydi'r gwir reswm.

Heno. Mi ddaeth Richard i mewn o drin yr ardd fel yr oeddwn i ar fin cychwyn newid y llenni mewn ystafell arall eto fyth. 'Roedd yntau hefyd yn meddwl fy mod i'n gynnar.
'Paratoi at y gaea 'rwyt titha yn yr ardd 'na hefyd, 'te?'
'Cynaeafu.'
Reit swta, felna. Mi fwriais i ymlaen efo'r llenni.

Nos Lun, Hydref 1.

Newydd ddŵad i mewn, wedi blino ar ôl cyfarfod C.N.D. yn y dre, a hwnnw'n mynd ymlaen yn hwyr. Ha bach Mihangel neu beidio, naws rhew oedd i'w deimlo yn awyr y nos wrth i mi yrru adref. Neu felly y teimlwn i. 'Roesai Richard mo'r gwres ymlaen yn y llofft, felly hwyrach mai fi sy'n ei deimlo fo. Dal i deimlo mymryn o ias rŵan, a finna wrth ei ochr o.

Neu ai'r cyfarfod heno wnaeth i mi deimlo hynny? Gwirion—fi sy'n dychmygu petha. Cyfarfod gyda'r gorau oedd o, bywiog, a nifer o ymgyrchoedd newydd ar y gweill: pam y bûm i mor dawedog trwy gydol y noson, felly, a pham fod yr anniddigrwydd yma y tu mewn i mi fel dail mewn gwynt gwallgo? Hwyrach am fod pawb yma eto'n trafod *Threads.* Teledu da . . . dim digon real . . . ie, ond o'i gymharu â'r *Day After* . . . ddaru'r bobl iawn ei weld o?

Hywel ofynnodd hynny. O leia 'roedd o'n hanner deall, yn gwybod fod yn rhaid dwyn criw *Dallas* a *Dynasty* hefyd i'r gorlan. Y bobl iawn? Fy ffrindiau cyfforddus annwyl, yn y byd nad ydw i am ei adael, yn eu dillad ymlacio smart, drud, cynnes. Argyhoeddedig, heb argyhoeddi neb. Cadwedig, yn cadw'u hunain yn ideolegol bur.

A'r bobl iawn? Ia, mi wn i nad â i yno eto, ond yn Greenham mae'r bobl iawn, y merched iawn, yn eu thermals ail-law a'u dillad ffair sborion a'u gorchuddion nad ydynt hyd yn oed yn ddillad. Pentyrrau o ddefnydd dan bolythên a dail, a changhennau sy'n prysur golli'r dail hynny.

Dydd Mercher, Hydref 3.

Nefoedd, beth sydd arna i 'mod i mor ddifynadd? Harthio ar y plant drwy'r dydd, yn flin efo Richard am 'mod i'n flin efo fi fy hun am 'mod i'n flin efo'r plant . . . Dim rhyfedd i mi fynd mewn tempar i'r cyfarfod rhieni ac athrawon heno. A 'rarswyd, wnaeth hwnnw ddim i roi gwell golwg ar bethau i mi. Siarad, siarad dibaid. Pwyllgora. Oreit, a minnau'n Gymraes ymwybodol, bymtheg ar hugain oed, wedi mynd trwy felin ymgyrchu a pharchuso ac Ysgolion Meithrin a Merched y Wawr, siawns nad ydw i wedi arfer â mân siarad mewn pwyllgorau erbyn hyn? Wrth gwrs, wrth gwrs fy mod i—ac wrth gwrs, wrth gwrs fy mod i'n gwybod yn union pam y gwawriodd yr anniddigrwydd dieflig yma yn sydyn. Mi wn i lle, hefyd. Mi wawriodd yn Greenham, yn y sgyrsiau o gwmpas y tân myglyd efo genod nad oeddwn i'n eu nabod, nad ydyn nhw'n gwybod am nac Ysgol Feithrin na iaith Gymraeg. Mi ddeëllais fod yna siarad sy'n golygu treiddio'n syth at bwnc, sy'n golygu dinoethi'ch enaid a'ch meddyliau dyfnaf i rywun oedd yn ddieithr hollol i chi ddau ddiwrnod neu lai yn ôl. Syndrom y Samariaid, felly, taflu'r baich oddi ar eich gwar ac i freichiau dieithryn dienw ar ben arall y ffôn. Y gyffesgell lle nad oes neb i ddatgelu enwau?

Eglurhad rhy hawdd ydi hynny. Nid y dieithrwch oedd y cysur yn y sgyrsiau yn y gwersyll, ond yr hyn a'n clymai wrth ein gilydd. Deuai'r cysur, nid o wybod na welech chi'r genod byth eto ac yr arhosen nhw'n ddieithriaid, ond o'r ffaith eich bod chi'n gwybod y deuech at eich gilydd eto. Nid yr un merched, hwyrach, ond yr un achos. Merched eraill, ond yn yr un fan. Yr un gwersyll. Yr un weiren a'r un goleuadau llachar. Yr un milwyr a'r un erchyllbeth yn llechu y tu ôl i'r milwyr a'r martsio. Y farwolaeth dan y ffug dywarchen. Yn disgwyl.

Dydd Iau, Hydref 4.

Mi aeth yn hwyr neithiwr arna i yn sgwennu, ac mi oerais. Yr ydw i newydd sbio'n ôl ar gofnod ddoe rŵan. Dw i'n sgwennu'n wirion. Mae syniadau clir oriau mân y bore yn hyll ac yn oer fel hen eira budr erbyn heddiw.

Pnawn. Ydyn nhw? Teimlo'n gas, sgwennu yn y llofft rhag i mi grio. Newydd gael tipyn o ffrae (O, deuda'r gwir, neno'r Tad—coblyn o ffrae) efo Richard. Dechrau sôn wnes i am y teimlad neithiwr wedi gadael y cyfarfod rhieni ac athrawon, a sôn mwy am y teimlad gefais i wrth adael cyfarfod C.N.D. Roedd o'n cydym-deimlo. Wrth gwrs, mae pawb yn teimlo nad ydi o'n medru gwneud digon, fod cymaint mwy y medrwch chi ei roi i'r ymgyrchoedd, llythyrau i'w sgwennu i'r wasg ac yn y blaen . . .
Ond nid dyna'r pwynt: nid dyna'r llwybr sy'n mynd i atal dim! 'Roeddwn i'n sgrechian y tu mewn i mi fy hun, drosodd a throsodd, ac o'r diwedd, mi ddaeth y sgrech—neu'r llais rhy uchel!—allan. Gweiddi ar Richard—'Ond 'dwyt ti ddim yn dallt!' Dim syndod yn y byd, gan nad oeddwn i wedi egluro dim iddo fo, ond pwy sy'n meddwl am ryw fanion felly yng nghanol ffrae?

'Roeddan ni wedi bod wrthi am gryn hanner awr, a chwarter awr dda o hynny yn amser pryd y gwyddai'r ddau ohonom yn iawn nad oeddem yn dadlau yn erbyn gwir safbwynt y llall. Erbyn i mi gallio digon i egluro hynny, 'roedd fy euogrwydd i am bopeth wedi brigo i'r wyneb, a phnawn rhydd Richard wedi'i ddifetha.

Heno. Oedd yna bwynt i'r dadlau? Oedd, oherwydd nos fory, yr ydw i'n mynd i Greenham eto. Tawela dy gydwybod, gweithia'r peth allan, meddai Richard. (Gweithia'r peth allan ohonot dy hun unwaith ac am byth oedd o'n feddwl, mae'n siŵr). Iddo fo, dyna'r rheswm dros i mi fynd. A'm rheswm i?

Dydd Gwener, Hydref 5.
Ista'n disgwyl i Gwenith ddod—na, 'does gen i mo'r hyder hyd yn hyn i fentro i'r gwersyll fy hun, a sut bynnag, mi wyddwn ei bod hi'n ysu am ddychwelyd ac na wrthodai bás. 'Synnais i ddim chwaith at ei hadwaith hi pan ffoniais i gynnig.
'Wyt ti'n siŵr?'
'Wrth gwrs: be' sy,—ddim isio mynd neu rywbeth?'
'Paid â lolian—'rwyt ti'n gwybod yn iawn 'mod i. Dim ond meddwl, ar ôl y tro dwytha . . .'
'Wel, profiad grêt oedd o, 'ntê?' Gwenwn, a synhwyro ei dryswch y pen arall.
'Ia . . . ia . . .' Saib hir. 'Cychwyn am hanner nos, 'ta.'

Mae'r rycsac a'r sach cysgu yn barod unwaith eto. 'Does gen i ddim cannwyll, ond mi baciais bâr o bleiars. 'Chynigiodd Richard mohonyn nhw y tro yma. Ac unwaith eto, mi fûm i mewn yn gweld y plant. 'Tydyn nhw ddim yn gwybod nac yn poeni: edrych ymlaen at benwythnos o gael eu sbwylio gan Dad cyn i gysgod yr ysgol ddisgyn ar Angharad, a normalrwydd y drefn arferol gadarnhau cred Gerallt fod rhai pethau'n dal yr un fath ym myd gwallgo'r oedolion direswm yma.

Dydd Sadwrn, Hydref 6.

Eistedd y tu allan i un o'r bendars, yn disgwyl i'r teciall ferwi, ac yn disgwyl fwy fyth i Gwenith wneud lle yn ei bendar hi i ni'n dwy gael cropian i mewn a chysgu. Bu dwy hogan yn aros yn y bendar rhwng yr amser y buom ni i ffwrdd: dwy hogan o Fanceinion, medda Colleen: ifanc, dwy ar bymtheg meddan nhw, er ei bod hi'n amau nad oedd un ohonyn nhw ond pymtheg.
'Wedi blino, a mynd 'nôl adref?' holais innau, yn lled-wenu o binacl pymtheg ar hugain.
'Dim ffiars o beryg.' Atebodd Colleen. 'Faye, yr hyna, 'ddyliwn, yng nghelloedd heddlu Newbury ers nos Iau, disgwyl achos am fod yn un o grŵp a lwyddodd i dorri i mewn trwy'r ffens. O gofio'i hoed, lwcus iddi fod yn ddigon call i roi ei smôcs i'w mêt, Kelly, cyn mynd

drwadd. Mi fydd mewn digon o helynt fel mae hi.'

'A Kelly?'

'Gweld Gwersyll Emrallt dipyn yn ddof wnaeth hi: mae hi yn aros wrth Blue Gate ers rhai nosweithiau. Cael uffar o amsar a gwneud uffar o dwrw.' Gwenodd Colleen yn famol. 'Wsti be, dw i'n siŵr fod mam honno yn rhywle yn poeni'i henaid amdani—neu hwyrach yn malio dim ac yn meddwl mai efo rhyw foi y mae'r hogan gythral a gwynt teg ar ei hôl hi. Ond mi fasa'n well gin i arddel yr hogan bach yna'n ferch i mi na 'nghig a gwaed fy hun.'

Colleen famol, dros y canol oed, heibio'r creisis canol oed a heibio poeni am farn y cymdogion, yn codi, lapio'r hen rýg car o gwmpas ei chanol am gynhesrwydd, a mynd i helpu Gwenith i baratoi'r bendar. Colleen, a'i merch 'gig-a-gwaed' mewn parchusrwydd priod yn Milton Keynes, a'i hunig gysylltiad â'i mam yn dod yn y tonnau o arswydo pan welai ei henw yn y papur am achos llys neu garchariad eto fyth, yn peryglu'i dringo cymdeithasol hi a'i gŵr-acowntant bach saff.

Mae'r bendar yn barod. Fy ngwely'n barod. A chan mai'r bore ydi hi, a gweithgaredd y nos heb eto gyrraedd, mi â i i swatio.

Dydd Sul, Hydref 7.

'Roeddwn i'n effro ac yn barod i weithredu pan gropiais allan o'r bendar tua phedwar o'r gloch y pnawn. Yr oerfel wedi 'ngyrru allan, yn un peth: sylwi eisoes ar y gwahaniaeth yn y tywydd.

Ond fawr ddim gweithredu'n mynd ymlaen i mi weld: dim ond y tân wrth y lloches agored, a'r baned yn cael ei chynnig cyn gynted ag yr ymddangosais.

'Chwilio am Gwenith?' Gwên gan ferch y nabyddais ei hwyneb o'r tro o'r blaen. 'Mi aeth draw i Main Gate ryw hanner awr yn ôl: mêt iddi newydd ddod allan o'r clinc, a hitha wedi clywed ei bod wedi cyrraedd Greenham ddoe.'

'Barbara?'

'Dyna ti. Nabod hi?'

'Na, dim ond clywed Gwenith yn sôn amdani.'

'O, ia. Meddwl dy fod ti'n nabod rhai o genod y gwersyll, 'ti'n gweld. Gan dy fod ti wedi bod yma o'r blaen.'

Mi deimlais yn afresymol falch pan ddywedodd hynny. Wedi cael fy nerbyn. Swnio fel petai hi'n cyfarch hen stejar! Ond 'roedd cywilydd yn fy ngorfodi i fod yn agored.

'Dim ond yr ail waith i mi fod yma.'

'Mm. A'r rhan fwya o'r lleill, hefyd.'

'Y?' A'r funud nesaf, teimlo cywilydd i mi rythu arni mor geg-agored. 'Sorri—meddwl . . . wel, dwn i'm: meddwl, am wn i, fod pawb wedi bod yma ers hydoedd. Teimlo'n newyddian.'

'Twt lol. Sbia rŵan—faint ohonan ni sy' yma i gyd yn y gwersyll? Saith? Wel, dwêd wyth os bydd Mitzi'n aros. 'Dwyt ti ddim wedi'i chwarfod hi eto, naddo? Wedi bod yma ers wsnos: aros ymlaen pan adawodd y Peace Convoy. Wel, dwêd fod yna wyth yn sefydlog yma yn Emrallt. Reit, am wn i mai Colleen sy' wedi bod yma'n hwy na neb; hi, a Gaynor wedyn ryw sbel ar ei hôl hi ddaru gychwyn Gwersyll Emrallt, mewn gwirionedd. Blwyddyn sy' ers iddyn nhw'u dwy ddod yma, ond mae'r lleill i gyd wedi cyrraedd ers hynny.

Yn y gaea y daeth Denise—ti'n cofio Denise, yr hogan sy'n gwneud rhywbeth, yn gwau neu'n gwnïo trwy'r adeg? Wel, 'roedd hi wedi bod yn weithgar iawn efo'i grŵp heddwch yn Swydd Efrog neu rywle, ac yn teimlo drwy'r adeg y dylai hi wneud mwy. Hogan ymarferol. Mi ddaeth llond býs o'r grŵp i lawr yma i Greenham adeg y brotest fawr Dolig dwytha— pan ddaeth pawb efo'r drychau i'w dal yn erbyn y ffens, ac adlewyrchu'r drwg yn ôl, wyt ti'n cofio? *Day trippers* arferol, pawb ond Denise. Mi aeth y býs yn ôl hebddi hi, ac yma mae hi wedi bod byth. A diolch byth amdani, ddeudwn i. 'Welis i neb tebyg iddi hi am drwsio petha, gwheud defnydd o ryw hen sothach o stwff fyddwn ni'n gael trwy'r grwpiau cefnogi weithiau. A landio yma efo dim ond y dillad ar ei chefn a'i bag gwau yn ei llaw! Cês . . . ''A ti?' Edrychais ar y ferch: tua'r un oed â mi, ddyliwn. Edrych dipyn bach fel fi, hefyd, wedi meddwl. Pwtan wallt golau, ond yn ymddangos fel yr hoffwn i fod pan fydda i yn breuddwydio am y bersonoliaeth ddelfrydol i mi fy hun. Bywiog, gwibiog—ac fel hon, yn ddigyfrifoldeb? Ond roedd ei sgwrs yn rhaeadru ymlaen.

'Fi, pwt? Jody, rhag ofn nad oes neb wedi ponsio deud f'enw wrthat ti—neu dy fod ti wedi'i anghofio yn y gymysgfa yma, fwy tebyg.' Gwridais i, a gwenodd hithau. 'Chwe mis sy' ers i mi ddŵad yma. Lwcus. Cyrraedd yn y gwanwyn, a chael yr holl haf ar ei hyd yma, yn yr awyr agored.'

Gwenai, fel petae'n cofio, yna'n sydyn, cymylodd ei hwyneb.

'Mae'n troi'n hydref.'

'Ydi, wrth gwrs. Wel—oerni a ballu, ia? 'Fydd hi ddim mor gyfforddus yma, mae'n siŵr?'

'Cyfforddus. Na. Na fydd. 'Ddois i ddim yma am gysur . . .'

''Doeddwn i ddim yn meddwl—'

Brysio i siarad, cywiro cam-argraff, ofn fy mod wedi ei phechu. Ond gwawriodd y wên eto.

'Duw, pwt, paid â gwrando arna i. Cael pwl o fod yn besimist weithiau—gweld yr hydref yn dŵad, tywydd oer, mwy o *convoys* yn mynd allan, y slobs yn dechra mynd yn fwy ffyrnig efo ni—cadw'r genod i mewn a'u cyhuddo nhw, llys a phob dim, yn lle jest cadw am ychydig oria. Ond mae'n rhaid 'u bod nhwtha hefyd yn cael 'u hordors ac yn cael 'u symud i Duw ŵyr lle. 'Fedran nhwtha ddim rheoli 'u bywyda, ac os oes 'na rithyn o grebwyll ym mhen yr un ohonyn nhw, mae'n nhwtha hefyd yn gweld Tachwedd yn dŵad, a'r etholiad, a'r hurtyn yna'n mynd i mewn am ail dymor.'

Estynodd Jody at y teciall a'r gwpan, tywallt y dŵr; rhegi.

'Damia, dyna'r dwytha' o'r dŵr. Yli, cym di'r banad yma, ac os leici di, gei di ddŵad efo mi i lawr at Blue Gate i ail-lenwi'r faril. Mi fydd isio dau i'w chario hi.'

Mi aeth drosodd at goeden, cydio yn handlan baril blastig.

'Dyma ni. Os nad ydi'r diawliaid wedi torri'r dŵr i ffwrdd neu ddwyn y beipan neu ryw stynt felly. Mae 'na sibrydion wedi bod am hynny.'

'Wnân nhw?' Cario dŵr yn ddigon o job fel mae hi. Syndod sut mae'r glanhau, yr ymolchi a'r coginio'n medru cario ymlaen cystal. Ond heb y cyflenwad dŵr—a hwythau'n talu'r trethi dŵr a phopeth . . .

''Synnwn i ddim. Ond 'synnwn i ddim chwaith na ddown ni o hyd i ateb.' Yr ysbryd yn ailgydio, a Jody a minnau yn cychwyn i ffwrdd tuag at Blue Gate.

Mae'r llwybrau wedi mynd yn fwy lleidiog ers i mi fod yma ym mis Medi. Mwy o bobl wedi bod yn cerdded ar eu traws, meddyliwn mewn gobaith. Mwy o law a mwy o blismyn, meddai Jody. Llaid hefyd yn y gwersylloedd ac o gwmpas y bendars bregus a'r pebyll go-iawn (achlysurol a thros dro) a welsom. Pan ddaethom yn y diwedd at Blue Gate, 'roedd clwstwr bach o genod y gwersylloedd eraill eisoes o gwmpas y beipen ddŵr, felly aethom at y genod yn y bendar parhaol—y polythên

agored, blêr a welswn gyntaf ac a'm
dychrynodd pan gyrhaeddais Greenham.

'Doedd o'n edrych ddim gwell. Er, wedi dod
yn nes, 'roedd yna hafan fach gaeëdig—rýg
wedi'i osod dros bolion, i wneud drws i un rhan
o'r bendar. Hwnnw a bwrdd fel hysbysfwrdd
oedd yr unig loches y medrwn i ei weld.
We are the Blue Gate Rowdies.
Fighting, drinking, drug-crazed lesbians!
All wimmin welcome!

Graffiti siriol y genod eu hunain, a rhyw
bedair yn sefyll o gwmpas, dwy yn smocio, un
yn eistedd, ac un yn nesu ata i. Gwallt gwyrdd a
gwên . . . Wrth gwrs, Zee!
'Seen you before, ain't I?'
'Gwenith's friend.'
'Oh aye, Welsh Gwennie. She here?'

Cyn i mi gael cyfle i ateb, cyffyrddodd Jody
'mraich.
'Mi â i at y pwmp cyn i neb arall ddod. Reit?' Fy
ngadael gyda Zee. Honno'n dal i wenu'n gyf-
eillgar, yna tyrchio yn ei phoccd.
'Wanna smoke?'
Sut i egluro nad ydw i, ond heb ei digio? 'Doedd
dim rhaid i mi fod wedi poeni: y Mohican yn
sylweddoli nad oeddwn i'n gwneud, sylweddoli
f'embaras hefyd. Paid â phoeni, ferch, popeth
yn iawn, pawb yn ffrindiau, pawb yn
chwiorydd. mae'n cymryd amser i sylweddoli
hynny.

Cydiodd Jody a minnau yn handlenni'r cyn-
hwysydd plastig, a hwnnw'n drwm a thrwsgwl

erbyn hyn. Stryffaglio'n ôl tuag Emrallt, a sylwebaeth Jody ar drigolion eraill ein gwersyll yn ysgafnhau rywfaint ar y siwrne. 'Roedd Sam a Marie yn dal yno, wrth gwrs: ddim yn digwydd bod yno heddiw, am eu bod ill dwy wedi picio i Newbury i drafod rhyw agwedd ar yr ymgyrchu yn nhŷ un o'r cefnogwyr, un o'r Crynwyr. Braf fasa'u cael nhw yn ôl, hefyd, 'tae ond i glywed *double-act* eu ffraeo parhaus . . .

'Doeddwn i ddim wedi cyfarfod Mitzi, nac oeddwn? Na, wel, 'doedd wybod lle 'roedd hi wedi mynd, ond mi ddeuai'n ôl cyn nos, yn enwedig am fod yna sôn am weithred. Tryst-iwch Mitzi i hynny. Fiona oedd yr unig un arall: oeddwn i'n cofio Fiona: honno o'r Alban, yn sôn am ei phlant yn dragywydd? Wel, na, 'ddylai hi ddim dweud hynny, chwaith, a'r greadures yn poeni'n wirioneddol: cael ei thyrnu ddwyffordd—fel pob mam, debyg. Y plant efo'u nain, ond mae Fiona'n eu colli nhw'n drybeilig, ac yn poeni rŵan am ei bod wedi cael achlust fod y gŵr yn dechrau creu helynt, yn gwybod ei bod hi yn Greenham ac yn bygwth gwneud helynt . . .

'Wyddost ti be' mae'r diawl gwirion yn bygwth 'i wneud? Hawlio nad ydi hi'n 'fam dda' neu ryw lol felly, yn poeni dim am ddyfodol y ddwy eneth fach. Poeni am y dyfodol—on'd dyna pam ei bod hi yma, pam ein bod ni i gyd yma? Ac ond y dim iddo roi terfyn ar ei dyfodol hi am byth— ei dyrnu hi yn ei ddiod . . .'

Bywyd mae pobl yn gael . . .

Brawddeg ddaeth i'm meddwl ac i'm gwefusau mor gyfleus, mor aml yn y gorffennol. Brawddeg gyfforddus y bobl yr ydw i'n byw efo nhw, hefyd—a brawddeg, neu un debyg iddi, a ddefnyddiwyd gennym ni wrth sôn am fywyd y genod yma yn y gwersyll, a ninnau'n gweld y lluniau ar y teledu.

Ond 'doedd arna i ddim isio meddwl am fywyd Fiona, am ei phroblemau a'i phlant a'i gŵr. Yn sicr, ddim am hynny . . .

Yn falch, felly, o gyrraedd yn ôl yn Emrallt, a gosod y baich trwm i lawr. Hynny, a disgwyl am y weithred heno.

Dydd Sul, Hydref 7.

Mi aiff y dyddiadur yma ar chwâl: yn lle sgwennu hanes diwrnod gorffenedig cyn mynd i 'ngwely'r nos, a rhoi clo taclus ar y dydd a'i weithgareddau, yr ydw i yn gorfod llusgo'r llyfr allan o'r rycsac ganol y bore, ar ôl i mi orwedd- ian tan hynny wedi gweithred ganol nos, a sgwennu heddiw am beth ddigwyddodd ddoe— neu neithiwr, yn hytrach.

Rhywbeth tebyg i'r tro o'r blaen—dyna oedd y bwriad. 'Roeddwn wedi ceisio caledu fy hun, nid ar gyfer y weithred o sefyll o flaen y ffens yn yr oerni wrth iddi dywyllu—a hynny'n gynt ac yn finiocach y tro hwn nag ym mis Medi—ond ceisio osgoi'r arswyd ofnadwy ddaeth drosta i y tro dwytha. Hwyrach y byddai'n haws y tro hwn, sut bynnag, gan nad oeddan ni i alw enwau na dim byd felly, dim ond sefyll mewn llonyddwch.

Anodd aros yn llonydd, hyd yn oed pan fyddwch chi'n dal dwylo, gyda'r milwyr yn sefyll yn yr un ystum, bron, am y ffens â chi. Ond nad ydyn nhw'n dal dwylo. Eu hystum wedi'i orchymyn ymlaen llaw iddyn nhw, a dim gwaharddiad ar eu lleisiau a'u chwerthin—na'r siarad a'r jôcs aflednais. Fel tasa ots. Fel tae hynny'n dychryn rhywun, a'r dychryn y tu ôl i'r milwyr, yn beryclach na'r un hogyn mewn lifrai.

A pheth mor hawdd ydi eu tawelu nhw. Mae'r erfyn gorau ganddom ni, ac mor hawdd ei ddefnyddio. Rhes ohonom yn sefyll yno'n hollol lonydd, yn dal dwylo, yn syllu ar y milwyr a'r weiren bigog a'r hyn oedd y tu hwnt i'r weiren. Syllu. Gwrando ar y jôcs a'r chwerthin yn tawelu yn raddol o ddiffyg ymateb. Diffyg ymosod—yr un peth y maen nhw yn ei ddallt. Afledneisrwydd yn troi'n anghysur, yn esgus i edrych i ffwrdd, yn rhyddhad pan ddeuai rhingyll i'w symud i ryw ran arall, i ffwrdd oddi wrth y llygaid distaw.

'Roeddem ni i gyd yn medru teimlo'r nerth distaw yma yn llifo trwyddom ni, trwy gyplys-iad ein dwylo a'n breichiau, fel sudd ir y gwanwyn ar dymor annhymig. 'Roedd yma fywyd, 'roedd yma nerth. Ac yn anorfod, y nerth hwnnw'n cael ei ddefnyddio.

Pwysodd rhai o'r genod ymlaen, eu dwylo'n gafael yn y weiren werdd, eu bysedd yn crafangu gafael, ond yn dal yn ddistaw. Pawb yn graddol wneud yr un fath, yn pwyso ymlaen, a bysedd mewn menig neu'n gwelw-lasu yn cydio yn y weiren werdd, yn peri i'r ffens gyfan bwyso ymlaen gyda symudiad graddol y cyrff.

'Roedd yn rhaid i'r peth fynd yn ei flaen. Aeth y plethu bysedd yn gydio, yn ysgwyd, a symudiad y cyrff hefyd yn cynyddu fel tonnau, nes i'r ffens gael ei thynnu yn ôl, ymlaen, yn ôl, ymlaen, gwegian oddi wrth y pyst concrid, yn ôl, ymlaen, llanw a thrai, tynnu a gwthio . . .

Wrth gwrs, fe ddaeth y plismyn i wthio drwodd. Cerdded ymlaen yn gyntaf, fel petai presenoldeb yn ddigon i lacio gafael y bysedd ac i arafu ymchwydd y cyrff. Symud ymlaen at y rhes o ferched wedyn, a siarad yn bwyllog dadol, yn ceisio rhesymu. Yn bwyllog batri-archaidd.

'Rŵan, 'wna hyn mo'r tro. Rhowch y gorau iddi rŵan.'

'Mae'n rhaid i mi ofyn i chi symud draw oddi wrth y ffens, os gwelwch yn dda.'

'Symudwch yn ôl, os gwelwch yn dda, 'Dydach chi'n gwneud dim lles i neb fel hyn.'

'Rwan, os na symudwch chi oddi wrth y ffens yma, mi fydd yn rhaid eich cario i ffwrdd, ac mi fyddwch mewn peryg o gael eich restio.'

A thrwy'r cyfan, y tynnu wrth y weiren, ysgwyd y cyfan, a minnau hefyd yn tynnu, plethu 'mysedd yn y gwyrddni anghydnaws, tynnu, tynnu'r weiren yn rhydd oddi wrth y postyn fel 'tawn i am dynnu'r drygioni i ffwrdd, ei ysgwyd o, dial arno fo am fygwth ein heddwch, am fygwth Angharad a Gerallt a Jody a Fiona a Gwenith a Richard . . .

'Rŵan, rŵan, o'na, musus, 'dach chi'n gwneud dim lles fan hyn . . .' A chael f'arwain i ffwrdd yn llywaeth fel y rhan fwya o'r genod eraill, i sefyll a gwylio dan y coed cyfagos wrth i'r heddlu symud yn ôl at y rhai mwy cyndyn a phender-fynol oedd yn dal i dynnu yn y weiren, yn dal i ddadlau. 'Roedd Colleen yn dal yno, ei bysedd fel petaent wedi plethu yn y weiren, yn tynnu nerth ei breichiau, a'i darn hi o'r ffens yn rhyddhau dan ei gafael oddi wrth y postyn cyfagos. A nerth cyfatebol y plismyn yn eu thynnu oddi yno.

'Doeddan nhw ddim mewn tymer i restio neb y noson honno, mae'n amlwg. Neu wedi cael eu gorchymyn i beidio, gan fod mwy nag arfer yn Greenham, a rhai camerâu teledu yn dal ar gyrion y gwersyll. Ond gwelwn Colleen, yr olaf un i adael y weiren, yn cael ei chadw draw oddi wrth y ffens bellach, ond yn dal i ddadlau'n daer gyda'r heddwas a'i cadwai draw. Deuai rhai merched yn nes atynt, ac apeliadau taer yn disgyn o'u tu hwythau ar glyw'r plisman:

'Rydach chi'n ŵr, yn dad, hwyrach—pa fath ddyfodol ydach chi isio i'ch plant?'

'Gadewch lonydd iddi hi, ddyn!'

'Pam eich bod chi'n gwarchod y pethau dieflig yna? Pam eich bod chi'n gwarchod llof-ruddion?'

Ond yn ei deialog daer, 'roedd Colleen yn fwy diamynedd na'r heddwas, hyd yn oed, o'r dadleuon emosiynol a ddeuai atynt o'r cyrion. Gwnaeth ystum i'w sgubo o'r neilltu â'i llaw rydd.

'Ydach chi'n gweld, 'tydi'r pethau yma, y taflegrau, ddim hyd yn oed yn effeithiol am y gost. O'r safbwynt hwnnw yn unig, mi fedrem gael gwell a saffach amddiffyniad. A chan fod y profion yn ddiweddar wedi dangos nad ydi Trident a Cruise hyd yn oed yn ddiogel, gant y cant, i'r rhai sy'n eu defnyddio nhw, eu tanio nhw, oni fasa chi, fel dyn rhesymol, yn ei gweld hi'n wastraff gwario cymaint mwy eto o arian ar y canolfannau yma, ar eu gwarchod nhw fel hyn?'

Cael ei symud i ffwrdd, yn gadarn ond nid yn angharedig, yr oedd hi, ond wrth i'r heddwas symud ymaith, mi glywais innau, fel Colleen, ei eiriau:

'Mae'n berffaith bosib eich bod chi'n iawn, madam; 'rydach chi wedi meddwl am y peth ac wedi cael eich set chi o ffeithiau. Ond yma i wneud fy ngwaith yr ydw i . . .'

Aeth gweddill ei eiriau ar goll wrth iddo ef ddiflannu i'r hyn oedd, erbyn hyn, yn dyw-yllwch llwyr. Teimlo'n ddigalon wnes i: 'roedd y geiriau'n fy nwyn yn ôl. Sawl gwaith y clywais i nhw gan blismyn, gan ynadon—

'Dim ond gwneud fy ngwaith yr ydw i . . .'

'Yma i weinyddu'r gyfraith yr ydan ni . . .'

Tasa hwnna'n medru'r iaith, faswn i'n synnu dim o'i glywed o'n deud 'Dw i gystal Cymro â chi, ond—'

'Sori, be' ddeudaist ti?'

'Doedd Colleen ddim yn fy neall, wrth gwrs, a throis innau i siarad efo hi, yn disgwyl gweld yr un dicter, yr un siom. Ond 'roedd hi, a fu mewn dadl eirias funud yn ôl, fel petai wedi sirioli drwyddi.

'Glywest ti o, felly? Wel, mae 'na obaith eto: 'roedd o'n cydnabod fod gen i ddadl, 'roedd o'n medru f'ateb. Hei lwc 'mod i wedi gyrru un ohonyn nhw i ffwrdd efo gwaith meddwl heno, yntê?'

'Wyt ti, wir, yn meddwl hynny?'

'O wrth gwrs, wrth gwrs—'does fiw i ni feddwl dim byd arall, wsti. Mae byw yn y gwersyll yma wedi dysgu hynny i mi: byw ar ddim, byw yma yng nghanol gaea, a thrio mynd i chwilio am goed i gadw'r tân i fynd. Mi fedri fynd am oriau weithiau a chanfod dim ond brwgaitsh a choed wedi marw, nes bod rhywun yn meddwl mai dyna'r cwbwl sydd ar ôl ar y Comin—coed marw i gadw tân marw. Ond wedyn, mi ddoi di'n sydyn ar draws arwyddion gwanwyn: gefn trymedd gaea, yng nghanol yr eira, hyd yn oed, mi ddaw 'na fymryn o wyrdd neu addewid egin, a dyna ti'n gwybod wedyn fod y gwanwyn ar y ffordd. Sut medri di ddadlau yn erbyn hynny?'

'Fedrwn i ddim dadlau efo hi: 'fynnwn i ddim, chwaith, am fod yn rhaid i mi gredu mai ei hwyneb siriol hi oedd y gwirionedd, ac y deuai gwell, y syrthiai'r had ar dir da ac egino. Ond cyn hynny, mae'r gaeaf o'n blaenau ni.

Dydd Llun, Hydref 8.

'Nôl adref eto, a gorfod meddwl yn ôl i sgwennu am ddoe. Ond yr ydw i'n rhy flinedig. Cyrraedd y tŷ am bump y bore, a Richard gododd Angharad i fynd i'r ysgol. Finnau mewn cwsg, breuddwyd neu atgof am y gwersyll tan rŵan. Ac y mae hi'n ganol pnawn. Ac mae'n rhaid i mi godi. A dychwelyd i'r bywyd normal. 'Does mo'r ffasiwn beth.

Dydd Mercher, Hydref 10.

Wedi magu nerth o'r diwedd i wagio'r rycsac, oedd yn gorwedd heb ei gyffwrdd ers oriau mân bore Llun. Tynnu dillad budron allan, a dail y Comin yn disgyn allan o'u plygion. (Dyna maen nhw'n ei feddwl efo 'Carry Greenham home', felly!) Daeth y plefars allan hefyd, fel y daeth Richard i'r ystafell.
'Defnyddiaist ti nhw?'
'Dim angen. 'Roedd gen i fy nwylo.'
'Dew, mynd yn ymosodol tua'r Comin 'na, 'dwyt?'
'Richard—paid!'
'Jôc, hogan—jôc. Yli, bach, dw i o ddifri—'
'Am y jôc?'
'Am . . . ia, am hynny, os mynni di. Am fynd yn rhy ddifrifol.''

'Am gadw diarfogi fel hobi wyt ti, felly, ia? O 'nghariad i, paid â deud hynny, paid â'i neud o'n rhywbeth sy'n ddigon parchus i'w roi ar ffurflen gais am swydd ymhlith 'diddordebau amser hamdden'; Richard, dwyt ti—?'
' 'Ddim yn dallt'?'
Gwridais. Gwyddai'n iawn beth oeddwn ar fin ei ddweud. Ac mae o'n ddigon dwl ac annwyl i weld 'mod i'n mynd yn rhy ddifrifol. Rhy ddifrifol. Bosib?
'Wyt, cyw, 'rwyt ti'n dallt yn well na llawer o genod dw i'n nabod. Ond hyd yn oed wedyn . . . Richard, mae 'na rywbeth yn fy nghorddi i bob tro y bydda i i ffwrdd o'r lle: diawch, 'roeddwn i'n teimlo'n anniddig cyn i mi groesi'r ffin yn ôl i Gymru wrth ddŵad adra'r tro dwytha 'ma. Be sy'n digwydd i mi? 'Doeddwn i ddim hyd yn oed yn *leicio'r* lle pan es i yno gynta!'
'Mater o leicio ydi o?'
Hm. Eisteddais yn ôl, edrych arno, llwyddo i wenu am y tro cynta drwy'r pryder fu'n gwmwl drosta i—a thrwy'r annwyd sy'n fy mygwth i rŵan.
'Mae'r maes awyr, y milwyr a'r silos felltith yna sy'n dal y taflegrau yn erchyll. Maen nhw'n waeth na dim y medra i ddychmygu, ac yr ydw i'n dal i gael hunllefau amdanyn nhw. A fasa'r gwersyll ddim yn bod onibai amdanyn nhw— 'fasa dim rhaid i'r genod, dim rhaid i *ni*, oddef y baw a'r budreddi, yr oerfel a'r rhegi. Ond Richard—o diawl, paid â deud mai dim ond fi sy'n teimlo fel hyn—Richard bach, mae 'na

rywbeth hardd wedi tyfu yn y gwersyll yna, rhywbeth gwych allan o'r holl erchyllder. Y genod yna. Clyw, dw i'n gwybod y basa ti'n cael ffit tae ti'n eu gweld nhw, ac yma, adra, felly yr ydw inna'n teimlo hefyd, a taswn i'n aros i feddwl am y peth, mae 'na lawar o betha' amdanyn nhw sy'n troi arna i—ond *maen nhw yno.* 'Tydyn nhw ddim yr un fath, 'tydi'u bywyda nhw ddim yr un fath â dy fywyd ti a mi a bywyda Angharad a Gerallt, ond os na wrandawn ni arnyn nhw—os nad awn ni, merched fatha fi, merched call, sefydlog fatha fi, atyn nhw, i wneud yr un peth â nhw, fydd 'na ddim bywyd run fath â'n bywyd ni, fydd 'na ddim ni, fydd na ddim Angharad a Gerallt oherwydd y taflegrau yna, y pethau ofnadwy sy'n cuddio yn y silos yna, mi fydd rhyw ffŵl wedi penderfynu dangos ei hun yn uffar o foi gwell na'r Ryshans ddiawl yma, mi fydd rhywun, heb ymgynghori â'n Prif Weinidog hollalluog ni, yn cymryd y penderfyniad i wasgu'r botwm—i dynnu'r lifar, dyna be mae'n rhaid ei wneud, i fod yn fanwl dechnegol gywir—ac wedyn mi fydd ein bywyda ni oll ar ben, dy fywyd di, ti—yr ydw i'n ei garu'n fwy na dw i'n caru neb arall yn y byd, a bywyda'n plant ni, dy blant di a fi, y babis fu yn fy nghorff i, ddaeth allan rhwng 'y nghoesau i yn waed ac yn grio, ein plant ni, ein plant ni i gyd—mi fydd hynny ar ben, mi fydd popeth ar ben, mi fydd y coed a'r blodau a'r dail a'r gobaith am wanwyn wedi'r gaeaf, i gyd oll ar ben mewn fflach . . .'

Ddeudais i hynna i gyd?

Ddeallodd o rywfaint, wedi i'r storm dawelu ac i bopeth setlo yn dawel farwaidd fel noson o eira trwchus?

Ydw i wedi cyfleu popeth iddo fo?

Neu ddangos dim ond hysteria y gall y gwleidyddion ei sgubo o'r neilltu?

Ydi o'n dallt pam fod yn rhaid i mi fynd yn ôl? Ac aros yno.

Dydd Llun, Tachwedd 5.

Mi hoffwn i tawn i'n byw mewn nofel. Mae arwresau (a hyd yn oed gymeriadau) y rheiny yn cael fflio i ffwrdd i'r Bahamas ar amrantiad, heb aros i ystyried beth i'w wneud efo goriadau'r tŷ, pwy fydd yn bwydo'r gath, talu'r dyn llefrith—ac yn sicr, byth yn gorfod ystyried pwy fydd yn edrych ar ôl y plant. Wrth gwrs, mi fasa'n haws tasa Greenham yn wersyll dynion: dim problem felly, mi fasa'r gwragedd i gyd adra yn edrych ar ôl y plant.

Ond mae jest i fis wedi mynd heibio, a newydd ddŵad i ben rŵan yr ydw i efo'r trefniadau cymhleth a drud i sicrhau na fydd fy mhlant i mewn gwirionedd yn llwgu ac yn sgrechian yn y strydoedd rhwng amser gorffen yr ysgol ac amser dychweliad Richard o'i waith, ac y bydd yna rywun i newid clwt Gerallt o un pen i'r bore i'r llall, ac i gymryd rhan yn y seremoni feunyddiol o blastro'r waliau ag uwd y basa fo, tae o ddim yn 'blentyn aflafar', yn ei alw'n amser cinio.

Ac i ferch y mae'n rhaid i mi ddiolch eto. Bradychu'r egwyddor, braidd. Mae Eirian wedi cytuno, a mwy na chytuno, i ddod i lawr i dendiad ar ei nai a'i nith, ac i roi hynny o dendans y bydd ei brawd mawr blêr (ei geiriau hi) ei angen rhwng cael ei fwytho draw yn Swyddfa'r Sir yna efo'i holl ysgrifenyddesau (ei geiriau hi eto.) Ac fel y deudodd hi, yn ystod y drafodaeth faith ynglŷn â manylion f'ymadawiad i, be' arall wnaiff hi ond tendiad plant? Mi gafodd ei hyfforddi gan y wladwriaeth am dair blynedd i wneud hynny, ond mi gafodd ei chyflyru gan ei magwraeth i wneud yr un peth yn ddi-dâl. Ac yr ydw i (neu Richard a fi) yn talu. Sy'n fwy nag y mae'r un Awdurdod Addysg yn barod i'w wneud ar hyn o bryd.

Mae Richard yn iawn. Mae o'n ffurfiol gywir am y manylion ymarferol, ac yn gydymdeimladol am fy mhoenydio meddyliol i, bob tro y gwela i eitem am Greenham ar y newyddion (prin y dyddiau yma) neu y sgyrnyga i trwy ddarllediad arall eto fyth o'r America. Na, digon gwir, *You ain't seen nothing yet.* Dyna sydd arna i ei ofn.

Dydd Sadwrn, Tachwedd 10.

Sgrifenna i ddim llawer. Sut y medra i, ar ôl cymryd deuddeng awr i gyrraedd yma? 'Roeddwn i, erbyn y deugeinfed car i wrthod fy mawd gobeithiol ar gwr yr M4, hyd yn oed yn dyheu am weld bocsus tŷ-dol Milton Keynes neu drybestod beicio Rhydychen. Ydi, mae car yn ofnadwy o hanfodol i ni ferched rhyddfrein-iedig yr ugeinfed ganrif. Ac yn ffordd i gyrraedd y nod dipyn cynt, hefyd.

Er, yn y diwedd, mi fûm i'n lwcus. Wedi cau fy ngheg mewn cynifer o geir crand (a chael andros o hwb i'r ego gan berchen un Ford Granada—*Student then, are you, love?*—ar gyrion Reading, daeth achubiaeth ar ffurf Volkswagen Beetle hynafol, yn blastar o fathod-ynnau heddwch a CND, yn edrych yn llawn 'dat yr ymylon. Rhois y gorau i'r bawd gobeithiol, a chwifio 'mreichiau'n wallgo yng nghanol y lôn nes y bu'n rhaid i'r creadur stopio.

Creadures, wrth gwrs: mi ddylaswn fod wedi sylweddoli, unwaith i mi ddringo i mewn a chael lle cyfforddus(?) rhwng gitâr esgyrniog a hogan ddiddiwedd o dal, yr un mor esgyrniog, yn ei dyblau—neu ei threblau bron—yn y cefn. A minnau'n diferu glaw angharedig Tachwedd drosti hi a char ei mêt. Ond buan iawn y derbyniais *kudos* hen ymgyrchwraig brofiadol. oeddan, 'roeddan nhw ar eu ffordd i Greenham. Lucy (oedd yn gyrru) wedi bod yno unwaith o'r blaen—wedi aros noson, wyddoch chi. 'Doedd Hilly ac Alex (yr un esgyrniog) heb, wel, fod yno eu *hunain* o'r blaen—dyna pam eu bod nhw mor awyddus i ddŵad rŵan, 'dach chi'n deall. Newydd ymgolli yn y mudiad CND yn y Coleg (flwyddyn-gynta, ac fel pob blwyddyn-gynta

tymor cynta, yn teimlo, ar ôl ychydig wyth-
nosau, eu bod nhw wedi bod yn rhan o'r
gymdeithas golegol ers blynyddoedd).

Hyn oedd mesur eu hymroddiad, meddai'r
wraig gall bymtheg ar hugain oed wrth wasgu i
fyny yn erbyn Alex (arswyd, ydi bwyd
myfyrwyr wedi dirywio cymaint efo'r toriadau
nes bod gan hon esgyrn lle gynt bu gen i *love-
bites*?) Na, chwarae teg, maen nhw yn
ymroddedig, mae yna fyfyrwyr sy'n meddwl
am rywbeth ond y llwybr academaidd sy'n eu
dwyn at swydd, ac yr oedd y dair cyfeilles wedi
llwytho eu Beetle â bwyd (a diod!) a dillad a
dymuniadau da y Poly ac wedi troi eu cerbyd
bregus tuag at Greenham. Gallwn ddych-
mygu'r sgwrs *blasé*-gyffrous yn yr Undeb wedi
iddynt ddychwelyd, a sôn wrth eu cyfoedion
am y wraig yma god'son nhw ar eu ffordd i'r
gwersyll. Oedd, 'roedd hi wedi bod yno o'r
blaen, yn un o'r gwersyllwyr go-iawn, a medd-
yliwch, wedi gadael gŵr a dau o blant ar ôl yng
Nghymru i fynd i ymuno â'r gwersyll heddwch.

Mae'r paragon pymtheg ar hugain oed isio
paned ac isio cynhesrwydd. Mae'r baned i'w
chael, ond fod mwy fyth o flas mwg nag arfer
arni. Fawr ddim o gynhesrwydd: mwg ydi o, yn
hytrach na thân, ac mae wedi dechrau bwrw
eto. A rŵan mae hi'n ddigon tywyll i'r fam
Gymreig barchus Ferched-y-Wawraidd sleifio
allan o'i bendar ac i'r cwtsh-cachu (sut mae
hynna am gyfieithiad o *shit-pit*, Eiriadur y

Brifysgol?), i gladdu ei thampon heb i neb ei gweld.

Dydd Sul, Tachwedd 11.

Newid am Greenham: sgwennu am ddigwyddiadau'r dydd ar y diwrnod ei hun. Ond efallai y digwydd rhywbeth heno, ac yr aiff hwnnw i gofnod dydd Llun. Digwyddodd rhywbeth neithiwr, a dweud y gwir. Nid fy mod i'n ymwybodol ohono, diolch byth, yn fy mendar benthyg (bendar gwag Denise, sydd i ffwrdd am ychydig ddyddiau, yn ymweld â'i mam, sy'n sâl).

Daeth criw o lanciau Newbury heibio i wersyll Orange Gate neithiwr, gyda'u 'hanrhegion' arferol. Dŵr, cachu, a gwaed anifeiliaid, yn domen dros y polythên bregus oedd eisoes yn dechrau cracio yn yr oerfel iasol. Pan ymwelom ni y bore yma, 'roedd tair o'r genod yn crafu'r cyfan i ffwrdd oddi ar doeau eu cartrefi. Dwylo un, Sarah, yr hynaf, yn las biws gan yr hin, lle nad oeddynt yn frown gan fudreddi. A hi, yn anad neb, oedd yn hymian *You can't kill the spirit.*

Pnawn. Wedi cerdded cyn belled ag Orange Gate, meddyliais yr awn am dro ymhellach o gwmpas y *perimeter,* ymweld â rhai o'r mannau eraill nad ydw i wedi eu gweld yn iawn hyd yn hyn. Sut mae dŵad i nabcd naw milltir, a chlystyrau yn y coed? Cerdded ar fy mhen fy hun wnes i, a sbio i mewn o bryd i'w gilydd ar y gwersyll arall hwnnw, y peth oedd yma gyntaf, cyn y genod—y ganolfan filwrol.

Ychydig o filwyr welwn i, a bod yn onest. Hwyrach eu bod nhw'n cael hoe bnawn Sul, yn cael lloches eu cabanau cynnes, ac eithrio ambell i adyn unig a wyliai'r gweithgareddau y tu hwnt i'r ffens. O bryd i'w gilydd, hyrddiai ambell *jeep* ar hyd y ffyrdd llydain y tu mewn, ac unwaith arhosodd lori wrth un o'r cytiau a disgynnodd llwyth o ddynion yn eu lifrai, mynd drot-drot tuag at ryw bwynt cyn gwasgaru. Diolch mai milwyr yn unig welais i, ac mai arwyddion o fywyd milwrol yn unig sydd yn amlwg. Pan fydd pobl yn sôn am y siopau, y mannau byw sydd y tu mewn i'r ffens, hyd yn oed yn sôn am yr ysgolion i blant y milwyr— dyna pryd mae 'ngwaed i'n oeri. 'Fynnwn i byth weld plant y tu mewn i le fel hwn. Ac yr ydw i'n cofio trwy'r adeg mai nhw sydd y tu ôl i'r weiren. Y ni sydd allan, y ni sy'n rhydd.

Dydd Llun, Tachwedd 12.

Yn ôl i hen drefn y gwersyll, y drefn o sgwennu am ddoe. Mae'n rhaid i mi ddal i wneud hynny, dal i gofio. Pam? Cadw cysylltiad â'r byd gwâr, efallai—cofnodi dyddiau i f'atgoffa fy hun fod y fath bethau â dyddiau ac wythnosau yn dal i fodoli. Ac i atgoffa fy hun, hwyrach, y bu gen i unwaith uchelgais lenyddol, y meddyliwn mai da o beth fuasai cofnodi digwyddiadau difyr y Gymraes yn y

Gwersyll? Rhaid i mi ddychwelyd at yr hyn ddigwyddodd neithiwr. Yr unig beth pwysig . . .

'Roedd yno drafod o gwmpas y lle tân. Erbyn i mi ddychwelyd o'm sgawt, ac ychydig ganghennau marw gyda mi i fwydo'r tân, eisteddai genod Emrallt yn glwstwr, yn ddwfn yn y drafodaeth. Gwnaed lle i mi, estyn paned ar unwaith. Colleen oedd yn eistedd ar yr unig gadair gall, yn crynhoi pwyntiau.

'Iawn, torri drwy'r ffens—ond 'ddylem ni ddim gwneud hynny yn rhy agos at Orange Gate: mae 'na ormod o ymosodiadau wedi bod yn fanno yn ddiweddar, maen nhw'n disgwyl rhywbeth, a 'dawn ni ddim yn bell.'

'Fan'ma, ta?'

Mitzi, yn gwthio'i chap gwau yn ôl oddi ar ei thalcen, yn pwyso ymlaen yn awyddus. Gwenodd Colleen.

'Os mynni di. Ac mi ei di drosodd?'

'Watsia di fi, mêt. Yli, mae gin i bâr newydd o bleiars—Blue Joyce wedi'u rhoi nhw i mi. Presant.'

Tynnodd y pleiars o berfeddion rhywbeth fu unwaith yn got tartan, a'u hanwylo fel y bu gynt yn anwylo'r baned.

'Pwy arall sy'n barod, 'ta?'

'Fi.'

'A fi.'

'Chdi?'

Sam a Marie oedd wedi ateb, y naill ar ôl y llall, a Sam wedi troi yn syth at Marie cyn gynted ag y cynigiodd honno. Rhedodd Sam ei llaw trwy ei gwallt *crew-cut* wrth sbio'n wawdlyd ar y ferch bryd golau.

'Chdi, yn mynd trwy'r weiren yna? Pwy fuo raid dy achub di'r tro o'r blaen pan est ti'n styc ar ben y weiren bigog wrth drio torri i mewn i gael y parti Pasg?'

'Pwy addawodd roi help i mi i lawr, ond oedd wedi'i sgrialu i ffwr cyn gynted ag y gwelodd hi rywbeth mewn iwnifform yn dŵad yn agos? A sut bynnag, mi fedra i godi i ben y ffens ar fy mhen fy hun heb help neb, diolch yn fawr.'

'Codi i ben y ffens? Callia, Marie, neno'r dyn, gamp i dy gael di i godi yn y bora . . .'

'Blant, blant!' Gaynor yn troi at y ddwy, yn fwriadol yn parodïo arddull yr athrawes ysgol fu ganddi unwaith, efallai, cyn iddi adael swydd a chartre am y polythên a'r perygl. 'Rydan ni'n gwybod o brofiad mai rhyw bump ydi'r rhif gorau i dorri trwodd yn y lle cynta, sut bynnag. Ac un i gadw gwyliadwriaeth. Iawn? Beth am benderfynu ar hynny, felly?'

Dyma'r genod yn eu didol eu hunain, y dull arferol, osgoi unrhyw orchymyn o'r top, unrhyw arweinyddion. Ac mewn byr o dro 'roedd gennym ni Colleen, Gaynor, Mitzi—'a Sam, os wyt ti'n awyddus, a beth am Fiona?'

'Hei, aros funud, wyt ti ddim yn meddwl fod Sam yn cael peryglu pawb heb i mi fod yno i wneud yn siŵr ei bod hi'n torri drwy'r weiren iawn ac nid trwy lastig nicyrs un ohonoch chi, y?' Ac felly yr hawliodd Marie ei lle, ac y ciliodd Fiona, gan edrych yn ddiolchgar am y tro.

Yna 'roedd angen gwyliwr. Ofnus oeddwn i eto wrth gynnig, ac unwaith eto gweld nad oedd angen ofn. Cael fy nerbyn yr ydw i yma, heb angen o gwbl am yr ymddiheuro sydd wedi dod yn gymaint rhan o ymarweddiad gwraig, waeth pa mor 'rhydd' yr ymddengys yn y byd y tu allan. Dw i'n gweld yn dda yn y nos, felly mae'r cymwysterau gen i. Mor syml â hynna.

Ac yr oedd y weithred ei hun yn syml, hefyd, pan ddaeth. Llwyddasom i ddewis cilfan wrth y ffens lle taflai'r coed noethion y cysgodion cryfaf, a lle'r oedd y golau o'r lampau mawr y tu mewn yn goleuo leiaf. Daeth sŵn canu o gyfeiriad y tân—ond dim gormod i dynnu sylw; 'roedd y milwyr yn gyfarwydd â thactegau felly erbyn hyn. Cadw golwg bob yn ail ar y milwyr, y tân a'r genod yr oeddwn i: unwaith neu ddwy y cefais i fraw ac achos i rybuddio Gaynor, Mitzi a'r lleill fod rhywun yn dod. Ond y tro cyntaf, nid oedd yno ond un o adar y nos, a'r ail dro, milwr unig yn cyrraedd terfyn ei lwybr gwyliad-wriaeth unig, ac yn aros sbel i gynhesu cyn troi i ailadrodd eto yr un camau blinderus. Y lle'n glir, yn oer dan y goleuadau. Weiren bigog yn lled-sgleinio yn y goleuni, a dim arall yn symud.

Nes i mi weld y ffurfiau. Wedi tynnu fy llygaid oddi wrth y genod yr oeddwn i am eiliad yn unig, ond yr oeddan nhw yn yr ennyd honno wedi llwyddo i dorri drwodd. Y cyntaf welais i oedd ffurf drwsgwl Mitzi yn carlamu ar draws ehangder tuag at un o'r cerbydau segur a safai wrth rowlyn o weiren bigog. Dwy arall yn syth ar ei hôl, y naill yn tynnu'r llall—dim eisiau dweud fod Sam a Marie wedi llwyddo i oresgyn y ffens a'u dadleuon i redeg yn rhydd ar dir y gelyn. Gydag un edrychiad tuag at y tân a thuag ata i, yr oedd Colleen yn awr yn troi ar ei sawdl, ac yn dilyn Gaynor a'r lleill tua'r cerbyd. 'Roedd hi'n codi ei llaw . . .

Y peth rhyfedda oedd iddyn nhw fod y tu mewn i'r ffens am gryn hanner awr cyn i neb eu darganfod. Ac yn y diwedd, sŵn peiriant y *jeep* dynnodd sylw'r milwyr. Y funud nesa, 'roedd yn rhaid i'r sowldiwr unig a welswn i ar wyliad-wriaeth neidio o'r ffordd wrth i'r cerbyd igam-ogamu tuag ato, a breichiau yn chwifio allan o'r ffenestri. Mi laswn dyngu mai Mitzi oedd wrth y llyw: cefais gip ar wyneb crwn a chap gwlân wrth i'r peiriant lamu am funud i drywydd y llif-oleuadau. Dim rhyfedd fod ei hynt mor annibynadwy wallgo os mai hi oedd yno mewn gwirionedd. Ddoe ddwytha 'roedd hi'n dweud wrtha i yr hoffai ddysgu gyrru pan gyrhaeddai ei dwy ar bymtheg . . .

A dyma fi rŵan, wedi awr y wyliadwriaeth yn eistedd am de-pnawn (crand!) wrth y tân, yn disgwyl i'r genod ddychwelyd. Newydd gael gair gan yr heddlu y byddan nhw'n cael eu rhyddhau ymhen yr awr: dim ond eu cadw i mewn i'w holi . . .

Heno. Polisi caled newydd, hwyrach? Oedd yr heddlu ddim wedi cael eu cyfarwyddiadau diweddara pan aeth Fiona i'w holi sbel yn ôl ynghylch y genod? Mae'n amlwg nad oeddynt, neu eu bod wedi ailddechrau'r stynt o roi celwyddau fel gwybodaeth, i iselhau ein hysbryd neu i greu penbleth yn y gwersylloedd. Do, mi ddaeth y genod allan, rhyw funud ar ôl i mi orffen sgwennu y pnawn yma. Pawb ond Mitzi, hynny ydi. Maen nhw wedi ei chadw. Am ei chyhuddo. 'Wyddom ni ddim mwy.

Dydd Mawrth, Tachwedd 13.

Mae'r genod oll yn pryderu am Mitzi. Rhaid disgwyl am y llys: nid bod hynny'n bryder ynddo'i hun, ond yr ydan ni'n nabod Mitzi. Ac yn nabod yr heddlu. prin y derbynian nhw 'Mitzi from the Moon' fel enw a chyfeiriad llawn a chywir: a'u hymateb pan ddeallan nhw—os gwnan nhw hefyd—mai pymtheg oed ydi hi?????

Hynny gefais i'n anodd i'w goelio pan gyfarfum â hi gyntaf. O, mae hi'n edrych dipyn yn hŷn, ydi—tuag ugain oed, ond nid hynny ydi'r peth. Mae'r dillad a'r ffaith ei bod hi'n hogan fawr yn gallu cyfri am hynny'n ddigon hawdd. Siarad â hi ydi'r syndod,—trafod syniadau ac athroniaeth bywyd. Y ffaith eich bod chi'n medru gwneud hynny efo hogan bymtheg oed yn sioc ynddo'i hun (meddwl yn ôl amdana i fy hun yr un oed—arswyd y byd!)

Dod yma o'r Peace Convoy ddaru hi, aros ymlaen pan symudon nhw i borfeydd brasach, i feysydd y madarch hud yn yr haf, hwyrach, neu i godi pwysedd gwaed rhagor o ffermwyr a thirfeddianwyr Cymru. Yn gyndyn y cawn ei hanes, hyd yn oed ei syniadaeth, ond hynny am ei bod hi mor sicr o'r syniadaeth, yn rhesymu ei chred i'r dim. Mae hi wedi penderfynu aros yn Greenham oherwydd yr achos heddwch: a heddwch iddi hi ydi bywyd rhydd, dilyffethair (rhy ddilyffethair i mi), dim rheolau, dim ffurflenni, dim creulondeb i bobl, i anifail, i dir. Y tir. Mae'n rhwygo calon rhywun i weld Mitzi'n galaru dros y ddaear, dros dir anrheith-iedig y Comin, dros y dail oedd yn marw oddi ar y coed hyd yn oed cyn i'r hydref a'r gaeaf ddod i frathu. Mae presenoldeb y silos yn llygru popeth, yn enwedig y mwyaf diniwed. A Mitzi ei hun, yn wybodus-ddiniwed, yn tendio'r ddaear yn ei chartref mor dyner ag y buasai Fiona'n tendio'i phlant. Mitzi sy' rŵan mewn cell, wyneb yn wyneb â swyddogion, cwestiynau, ffurflenni, rheolau. Yr un a wrthododd reolau, ac a ddywedodd wrtha i y diwrnod o'r blaen: 'Rydw i wedi anobeithio am bobl. Druan ohonyn nhw: ond yr ydw i yma am yr hyn y maen nhw'n ei wneud i'r ddaear.'

Dydd Iau, Tachwedd 15.

Sgrech o gyfeiriad y tân ddaru neffro i tua'r un ar ddeg y bore yma: neidiais allan o'r bendar, yn ofni fod rhywbeth mawr o'i le. Ond buan y troes sgrech Marie yn chwerthin wrth iddi weld rhywun yn rhedeg tuag ati trwy'r glaw. Mitzi'n rhydd!

'Doedd hi'n edrych ddim gwaeth. Dipyn yn lanach, hwyrach, meddyliais, gyda meddwl mam. Criw Emrallt i gyd yn neidio o'i chwmpas, yn mynnu cael gwybod ar unwaith beth ddigwyddodd, sut y daeth hi ymlaen—sut y daeth hi allan . . .

Mae'n debyg iddi lwyddo i dwyllo'r heddlu o ran ei hoed a'i henw a phopeth. Fel y dywedodd hi ei hun: ' 'Roedd yn rhaid i mi smalio nad oedd hyn yn digwydd i mi go-iawn: nad fi oedd yn y lle drewllyd, oer, caled yna. 'Roedd y baw yn holi, yn ddiddiwedd efo'u cwestiynau, a dyma fi'n meddwl, reit, wnân nhw ond 'y nghadw i a holi mwy fel hyn: yn y diwedd 'fydd yna ddim ond mwy o *hassle* a mwy o holi. Ac mae 'na bethau pwysicach i'w gwneud. Pethau pwysicach yn digwydd. Felly, enw ac oed a chyfeiriad ffug, pledio'n ddieuog, ac yn y llys y bore 'ma, cynta peth. Flin am hynny, 'roeddan nhw'n cau rhoi gwybod i neb. Ond uffar o ffein yn ddiweddarach, allan â fi. 'Thala'i mo'r bastard peth, wrth gwrs na wna'i. Ond mi gân nhw chwilio yn Llundain am le sydd ddim yn bod, mi gân roi enw crand iawn ar eu ffeils . . .'

Fan hyn y chwarddodd hi, chwerthin gymaint nes iddi dagu a methu mynd ymlaen. A chwerthin ddaru ninnau hefyd pan roes hi yr 'enw' sydd bellach ar ffeiliau Heddlu Newbury am dorri i mewn i wersyll yr Awyrlu, dwyn a gyrru ymaith gerbyd milwrol heb yr awdurdod priodol i wneud hynny . . . Janet Scull, perchennog y tŷ crand wrth y clwb golff ger

Blue Gate: lladmerydd RAGE (Ratepayers Against Greenham Encampments), a anfarwolwyd ar y newyddion teledu un noswaith dywyll, yn hongian allan o ffenestr llofft ei chartref yn ei choban, yn gorfoleddu ac yn cymeradwyo pan rowliodd y *convoy* taflegrau cyntaf allan trwy glwydi Greenham i deithio'r wlad.

Dydd Sadwrn.

Mae amser wedi mynd heibio. Pythefnos, am wn i. Mi wn ei bod yn ddydd Sadwrn, ac am wn i, felly, ei bod hi'n nesáu at ddiwedd Tachwedd. Mae'n ddydd Sadwrn am fod mwy o ferched nag arfer yma, am fod gwaith a gwŷr adref i warchod y plant wedi rhyddhau mwy ohonyn nhw i ddod yma, cyn iddyn nhw ffoi eto'n ôl i'w cartrefi clyd pan wawria'r wythnos.

Yr ydw i'n chwerw: 'ddylwn i ddim bod. Nid dyna'r ddelwedd iawn i'w chyfleu i'r genod sydd, wedi'r cwbl, yn dŵad yma, y rhan fwya' ohonyn nhw, am eu bod nhw wirioneddol eisiau gwneud rhywbeth dros heddwch. Am eu bod nhw fel yr oeddwn i yn yr hydref, cyn i'r peth aeddfedu a chynyddu. A rŵan y mae'r cynhaeaf yn dŵad i mi, wrth i'r gaeaf galedu fel hyn.

Gaeaf—dyna pam fy mod i'n ddigalon. Mae hi'n oer ac yn wlyb ac yn annifyr, a 'tydi'r gerwinder go-iawn ddim wedi dŵad eto, hyd yn oed. Mae 'mendar i'n gollwng, ac yr ydw i wedi colli cownt o'r anwydau—neu'n byw gydag un parhaol. Hynny a'r chwain.

Na, 'does dim diawl o ots mewn gwirionedd am yr oerni na'r budreddi na dim arall. Mae 'na oerni gwaeth yn fy nghalon i, mae 'na hiraeth yn llosgi fel rhew y tu mewn i mi. Mae arna i isio 'mhlant. Mae arna i isio'u gweld nhw, isio clywed 'u lleisiau bach nhw, isio clywed sut mae Angharad yn gwneud yn yr ysgol ac a ydi Gerallt wedi gollwng eto. Mae llythyrau Richard ac Eirian yn dweud popeth, yn adrodd-iadau ac yn gysylltiad, ond nid papur, nid geiriau sydd arna i isio, ond gweld cyrff glân pinc fy hogyn a'm hogan bach i, mae arna i isio gafael ynddyn nhw a'u mwytho nhw a dweud fod pob dim yn iawn, mae Mam yma, 'wnaiff dim byd eich brifo chi, 'wna i ddim gadael iddyn nhw . . .

Heno. 'Wna i ddim gadael iddyn nhw. A dyma pam fy mod i yma. I stopio'r cythraul pethau rhag gwneud dim, rhag rhoi'r diwedd ar bob dim, a rhag troi popeth yn aeaf. Pitw, pitw yn erbyn y grym ofnadwy sydd i mewn yn fan'na. Ond dyna pam fy mod i yma. I weith-redu. I wneud rhywbeth.

Dydd Iau, (wsnos wedyn).

Tipyn o ffug ydi sgwennu'n niwlog fel yna, a dweud y gwir. Dw i'n gwybod yn iawn pa ddyddiad ydi hi—mae o wedi'i deipio'n reit blaen ar fy mhapur cyhuddiad i, yr unig beth oedd gen i yn fy mhoced wrth i mi gerdded allan o'r llys y bore yma. A'r newyddion wedi cael cyfle i deithio—gan i mi ymddangos unwaith yn y llys ddydd Llun, a chael fy nghadw i mewn tan heddiw am i mi wrthod deud na bw na be, 'roeddwn i'n fwy ffodus na Mitzi: mi gefais gefnogwyr, mi gefais gynulleidfa. 'Fûm i ddim mor ddyfeisgar â Mitzi ym mater yr enw, chwaith—er i mi chwarae â'r syniad o ddweud 'Margaret Thatcher' neu 'Olga Maitland' pan ofynnodd y ddynes slob 'na am f'enw i. Cywiriad: pan ddeudodd y ddynes slob 'na, '*Come on, you silly little bitch, name and address and date of birth, then it's off to the cells.*'

Mi rois i f'enw a'r manylion hynny iddi hi: ond rhoi cyfeiriad y gwersyll. Dim ots gen i o gwbl pwy fasa'n gwybod: rhyw weithred fach bellach o gadarnhad, efallai, mai yma yr *ydw* i'n byw. Ond yr oedd yr enw'n ddigon. Un manylyn bach yng nghyfrifiadur yr heddlu, a dyma hanes achos Abertawe, un neu ddau o fân achosion arwyddion yn Aber, heb sôn am sbel hwy yn ystod ymgyrch y Sianel, i gyd yn dŵad allan. Sy'n cyfri am y ffaith i mi dderbyn hanner canpunt yn fwy o ddirwy na Jody, felly. Dyna syndod oedd deall yn ôl rhestr y llys nad oedd ganddi hi record o gwbl. Ond hi dorrodd y ffens . . .

Diawch, dyna amser gawson ni, hefyd! Dim ond ni'n dwy, yn canolbwyntio ar batshyn oedd eisoes wedi ei wanhau rhyw ddwy noson ynghynt, ond fod y milwyr wedi tarfu ar bwy bynnag fu wrthi, a heb eto ddychwelyd i atgyfnerthu. Ac yr oeddan nhw'n brysur y nos Sadwrn honno hefyd, efo Blue Gate yn codi uffar o reiat: yn rhannol, siŵr iawn, am mai'r Blue Gate Rowdies oeddan nhw, a digwydd bod yr unig dafarn yn Newbury sy'n agor ei drysau i'r genod wedi anghofio'u cau nhw ar eu holau y noson arbennig yma . . . Na, chwarae teg, roedd yna dwrw, ond 'roedd yna hefyd ymgais ddifrifol i dorri drwy'r glwyd ei hun. Sibrwd oedd wedi dod fod *convoy* arall i adael toc. Mi fedra' i ddeall y teimlad.

Angen gwneud rhywbeth, rhywbeth goiawn, fel y dywedodd Colleen yn ei hanobaith dro'n ôl. Mae gweithredoedd sumbolaidd yn iawn, meddai, ond rydw i'n sâl efo sumboliaeth, mae wedi dod yn amser i symud ymlaen. Mae'r taflegrau *yna,* maen nhw'n mynd allan ar y lonydd, 'tydi hi affliw o iws tynnu sylw sumbolaidd at eu presenoldeb nhw: mae'n rhaid iddyn nhw gael eu stopio. Mae'n rhaid i ni gael mwy o ferched, mae'n rhaid i ni ddeffro pawb.

Anobaith. Dw i'n siŵr bownd fod Mrs. Scull wedi cael ei deffro'r noson honno, a phawb o ffyddloniaid y Clwb Golff, os oeddan nhw o gwmpas. Ac mi ymosododd y genod ar y glwyd, ac yr oedd Colleen yn eu plith nhw. Ond deugain, hanner cant ar y mwya'—pa obaith oedd?

Rŵan yr ydw i'n meddwl hynny, ac yn gweld
hefyd mai llai heriol fyth oedd y torri a'r gwibio
sydyn a gynlluniwyd gen i a Jody. Ond 'roedd
'na fân weithredoedd tebyg yn mynd ymlaen o
gwmpas y naw milltir i gyd, felly pam lai? Oni
fyddai'n cael rhyw effaith, yn rhoi'r cynllun yn
ôl y mymryn lleia . . .
'Os mai fel hyn y byddan nhw'n cynllunio
rhyfal byd, mi fyddwn ni'n saff.' Daeth llais
Jody drwy'r awyr glir, a ninnau gryn lathenni y
tu mewn i'r weiren. 'Roedd hi wedi ildio yn
hawdd i'r pleiars, yn ddigon i ddwy fechan
snechio drwodd.
'Fel hyn maen nhw, a 'tydan ni ddim.' Rhaid
oedd i mi 'ngorfodi fy hun i redeg, neu fyddai'r
cryndod yn fy nghoesa' wedi fy llwyr orchfygu.
Ond 'roedd gan Jody bwynt, 'roeddan ni i
mewn ers munudau, yn dal i redeg, yna
hanner-cwrcydu pan ddeuem dan lygaid y llif-
oleuadau, a 'doedd neb wedi ein dal eto. Hyd yn
oed o gyfri'r cynnwrf wrth Blue Gate, 'roedd 'na
flerwch. Ond problem hefyd.
'Ym . . . Jody . . .'
'Ti'n deud rwbath?'
'Lle 'dan ni'n mynd?'
Closiodd ata i yn y tywyllwch, cydio yn fy
mraich. Meddyliais i ddechrau ei bod hi'n
crynu, ond sylweddoli wedyn mai piffian
chwerthin yr oedd hi. Chwerthin wna i rŵan, o
sbio'n ôl. Ond ddim ar y pryd. Ond mi galliodd
Jody hithau.

'O.K.—Weli di'r caban draw fancw?' 'Roedd o
ar draws mwy o ehangder fyth, a rhowlyn o
weiren bigog rhyngom ni a fo. 'Dim golau, nac
oes?'
'Dim milwyr, felly?'
'Dim milwyr. Ond mi all olygu ei fod o ar glo'n
reit sownd, cofia.'
' 'Wyddom ni ddim os na fentrwn ni.'
'Iawn. Dros y weiran, ta?'
'Ia, mae 'na ormod o hyd ohoni i ni fynd o'i
chwmpas: mi fasa 'na rywun yn siŵr o'n
gweld.'
Dyna gall a strategol resymol yr oeddwn i'n
swnio. Ond 'roedd y caban ei hun yn peri
cymaint o ddychryn i mi fel mai eilbeth oedd y
weiren bigog.
'Awê, 'ta!'
Ac os oes modd dychmygu dau anifail bach yn
mynd yn eu hanner-cwrcwd ffwl sbîd ar draws
ras rwystrau, dyna oeddan ni'n dwy. Un
bownd dros y weiren bigog, y math o naid mae
pobl yn ei wneud efo tarw ffyrnig ar eu holau, ac
yr oeddwn i drosodd ac o fewn cyrraedd i'r cwt.
Ond Jody oedd y tu ôl i mi: Jody, nad oedd hi'n
darw ac mae ei choesau hi'n fyrrach na'm rhai i,
hyd yn oed . . .
'AAaaaaaaaw! Iesu Grist, dw i'n ganol y blydi
peth . . . oooooooo, uffar!'
Trois yn ôl. I achub fy nghyfeilles yn ei
chyfyngder—wel, naci, 'roedd y diawl hogan yn
gwneud cymaint o dwrw, 'roedd arna i ofn y

basa'i llais yn cario uwchben sgrechiadau Indiad-Cochion genod Blue Gate ac yn dŵad â holl rym y Fyddin Brydeinig ar ein penna ni, heb sôn am ddyrnaid o G.I.'s . . .

Mynd i banic wnaeth hi, gan mai godre ei throwsus yn unig oedd yn sownd. O hir brofiad cael plant allan o gyfyngder, dyma fi'n cydio yn ei hysgwyddau, ac yn ei llusgo yn fy mreichiau tua'r cwt. Mi ddaeth, gan adael hanner coes ei throwsus ar ôl, 'A diolcha nad y weiran-gyllell ydi o . . .' meddwn i wrth wthio i mewn i'r caban tywyll.

Na, 'doedd yno ddim milwyr. Dim clo, chwaith, yn y gwersyll hwn sy'n cadw rhai o arfau perycla'r ddynoliaeth. Un hergwd, ac yr oeddwn i a Jody i mewn.

Wrth gwrs, wedi rhyw chwilota o gwmpas, dyma ganfod, fel yr oeddan ni'n disgwyl, mai rhyw gaban go ddinod oedd o, rhyw sbarion gwaith saer a thuniau paent oedd yn cael eu cadw yno. Tuniau paent . . . Chwarter awr gawsom ni—'digon o amser i osod bom, mynyffarni' fel y sibrydiodd Jody yn fan yr heddlu ar y ffordd i Newbury. Nid bomiau, ond arwyddion heddwch, sloganau—'roedd fy medr ers dyddiau'r ymgyrchu yn prysur ddychwelyd—ac wrthi yn tynnu llun sumbol y gwersyll, yn ffurfio'r we pry cop ar fur y cwt yr oeddwn i pan dorrwyd ar ein traws gan y goleuadau a'r sgidiau mawr a'r lleisiau.

'Allo, 'allo, what have we here, then?'

A dyma fi. Ar fore Iau, ganpunt yn dlotach
('tawn i'n bwriadu talu, a 'tydw i ddim), ac yn ôl
yn Greenham. Dyma fy nghartref, wedi'r cwbl.

Dydd Mercher, Rhagfyr 5.

Sylwer fel yr ydw i yn ôl i gofnodi'r union
ddyddiadau. Ond mi ddylaswn fedru cofnodi
hwn: dyddiad cynnar, efallai, ond pwysig,
serch hynny. Ai fi ydi un o'r rhai cynhara' yn
Greenham i dderbyn cerdyn Nadolig?

Pam fy mod i'n ceisio sgwennu'n hwyliog
ysgafala, a 'nghalon i'n hollti? Cerdyn, sgrifen
Eirian, cerdyn CND efo'r arwydd du-a-gwyn yn
disgyn fel plu eira. Sgrifen Eirian ac 'Oddi wrth
Angharad a Gerallt.' Mae bron yn Nadolig, a'r
plu eira'n disgyn.

Dydd Iau, Rhagfyr 6.

Dal i grynu. Wedi cysgu allan neithiwr. Dal
i bluo eira, ond 'roedd gen i Gortex, ac mae
Denise wedi dod yn ôl i'r gwersyll. 'Ddylai hi
ddim fod wedi gwneud: mae hi'n wan a di-gwsg
o edrych ar ôl ei mam, ond mae'r ysbyty wedi
meddiannu honno, ac fel y dywedodd Denise:
' 'Does gen i unman arall: fan yma y ca i feddwl
amdani hi a theimlo'n agosach ati nag yn y
ffatri gleifion yna.' Y genod yn cynnig bwyd,
panad, cysur, cariad. Be' oedd gen i ond y
bendar? Ac mae'r un mor oer yn fanno y
nosweithiau hyn. Ac y mae'r plu eira'n dal i

ddisgyn fel cyllyll i 'nghalon i, i'r twll gwag sy'n sgrechian yn ddibaid am y plant ac am Richard.

Nos Sul, Rhagfyr 9.

Sgwennu'n frysiog cyn cychwyn am y brif glwyd. Peth hollol wirion i'w ddweud, ond unwaith neu ddwy y bûm i yno yr holl amser. Fanno mae popeth yn digwydd, fanno sy'n cael ei ddangos ar y teledu pan fydd protest fawr. Ond mae Main Gate bum milltir oddi wrth Emrallt, ac unwaith yn unig y cefais i ddigon o hyder i fentro ar un o feiciau hynafol y gwersyll i deithio yno, profi tipyn o naws hollol wahanol y lle. Ac fel yna y mae hi ym mhob gwersyll, ym mhob clwyd, bron. Main Gate—wel, fel y dywedais i, fanno mae pethau'n digwydd. Ac mi gewch y Giât Goch, y Giât Oren—clwydi cerddoriaeth, a chlwydi cadwraeth. Er bod Emrallt, yn ei ffordd fach ei hun, yn hawlio bod yn wersyll o genod ecolegol/cadwriaethol. A phwy all anghofio'r Blue Gate Rowdies? (Nid Mrs. Scull, yn sicr . . .)

Ond wrth y brif glwyd heno y bydd yr wylnos. Rhyfedd fel mae geiriau a thermau protest un cyfnod mor addas ar gyfer y llall hefyd. Cofio gwylnosau'r Gymdeithas . . .

Mi fydd hon yn weithred yn y nos, gyda'r nos, ond yn dawel. Yn dawel ac yn olau, yn gwneud dim ond sefyll gyda'r canhwyllau. Cannwyll yn olau . . . 'Does gen i ddim cannwyll doredig yn y rycsac bellach—'does gen i ddim rycsac, 'tae'n dod i hynny. Ond mi fedra' inna sefyll, i wylio, i

wylnosi. Cyn belled ag y medra i osgoi meddwl
gormod.

Dydd Llun, Rhagfyr 10.

' 'Does gen i ddim cannwyll,' meddwn
ddoe. Ond mi gefais un—mi gefais oleuni,
hefyd—am funud, hwyrach.

Fel y mae hi rŵan, 'roedd hi'n dywyll ymhell
cyn i'n criw ni ymlwybro tuag at y Brif Glwyd.
Ond hyd yn oed yn y pellter, medrwn weld y
miloedd mân oleuadau—y canhwyllau bregus
wedi hel at ei gilydd. Cerdded gyda Sam a Marie
yr oeddwn i—er nad oeddwn yn ffansïo bod yn
reffarî am bum milltir o gerdded. Annheg eto:
'roedd yr act yn cael hoe heno, a'r ddwy'n
sgwrsio'n gyfeillgar, yn gariadon fel y maen
nhw, ac yn fy nhynnu innau i mewn nes i ni
gyrraedd yn y pen draw yn un grŵp, yn
gyfeillion.

' 'Roeddwn i'n arfer meddwl mai lol oedd y sbri
canhwyllau yma, wsti Sam.'

' 'Roeddat ti'n arfer meddwl mai lol oedd y sbri
heddwch yma.'

'Digon gwir,' atebodd Sam, gwenu ar wên
Marie yn y tywyllwch. 'I ti mae'r diolch.'

Protest yn Llundain ddaeth â nhw at ei gilydd:
Sam wedi mynd fel myfyrwraig/lesbian/anar-
chydd—cymrwch eich dewis. Heddychwraig o
ba garfan bynnag. A Marie dwt a thaclus, hefyd
yn fyfyrwraig, ond yn mynd gyda phwrpas, fel
rhan o'i chwrs newyddiaduraeth. Ac yn ystod

yr orymdaith, ymdoddi i sgwrs y genod od hyn. *In-depth reporting* yn bownd o ddod â chlod iddi, a gobaith y droed yn y drws yn Stryd y Fflyd. Yn gwrando ar Samantha (o, oreit, Sam, os oedd hi'n mynnu ei galw ei hun yn hynny). Tipyn o orchest wirion, yn nhyb Marie, hyd yn oed os oedd hi'n gwneud iddi'i hun edrych mor debyg i hogyn ag y gallai. Ond hogyn diddorol, rhaid cyfaddef . . .

Am wn i na welodd Marie erioed Stryd y Fflyd. O do, mi gafodd brofiad o'r ochr arall, fel petae—onid oedd yr *Express* a'r *Mail* yn ymhyfrydu yn yr *exposés* lle dylai'r cyhoedd wybod am erchyllderau gwersyll y merched gwallgo yn Greenham? A'r *Sun*, wrth gwrs, yn cael modd i fyw wrth weld Sam a Marie a'i thebyg. Tebyg. Teip. Lesbiaid. Cyffuriau. Ni ddaeth Marie yn newyddiadurwraig. Daethai'n deip.

Pob math o genod wrth y glwyd erbyn i ni gyrraedd. Y canhwyllau'n unig oedd yn gyff-redin. A'r arfer o sefyll, sefyll yn ddistaw o flaen y weiren. Mae honno yr un fath ym mhob man ar hyd y naw milltir. Plethwaith gwyrdd, diniwed wyrdd, fel gwyrdd y dywarchen sy'n gorchuddio'r silos. Y gwyrdd sy'n aros yr un fath hyd yn oed yn awr, yn nhrymder gaeaf. Y gwyrdd nad adnebydd y gwanwyn, pan ddaw. Os daw.

Poeni am y dyfodol, a sefyll o flaen ffens i'w sicrhau. Safwn, gyda 'nghannwyll, Sam a Marie yn dal eu canhwyllau hwy ar yr ochr dde i mi, ymhellach oddi wrth y glwyd ei hun. Wrth straenio'n llygaid, gallem weld y mân luniau, rhubanau a phapurau a osodwyd ar y ffens, rhwng y weiren—atgofion y genod fu yma gynt, eu cerddi, eu lluniau, lluniau eu plant, eu babanod, teganau, edafedd o bob lliw yn ymffurfio'n we. Lluniau plant, allan ac yn agored i finiogrwydd noson o Ragfyr.

Daeth rhywun i sefyll wrth fy ochr, ar ochr y glwyd: trois a gweld mai Fiona oedd yno gyda'i channwyll.

'Iawn, Fiona?'

'Iawn. Grêt. Hei, wyddoch chi, dw i wedi clywed—mae'r genod yn dŵad yma! I'r gwersyll, wir-yr: mae'u nain nhw'n dŵad â nhw. Jest cyn Dolig . . .'

'Roedd yr hapusrwydd yn tywynnu o'i llygaid, o'i hwyneb, yn ail gannwyll wrth ochr yr un a ddaliai. Safodd yn syth wrth f'ymyl, yn dal ei goleuni, yn ei gofleidio. Edrychai'r gannwyll wen fel planhigyn, yn tyfu, yn egino mewn gorfoledd yn ei dwylo. Hyd yn oed rŵan. Hyd yn oed ar un o'r nosweithiau tywyllaf oeraf, gyda bygythiad yr eira.

Buom yn sefyll am hir. Yn ceisio rhoi tystiolaeth dawel, ac yn sylweddoli ar yr un pryd mor anodd yw tawelwch. Ar ein gwaethaf, 'roedd rhyw awydd i symud troed, i hymian, i gyfnewid gair â chymydog, i *ddweud* rhywbeth, gwneud *sŵn*. Rhag ofn i ni glywed ein meddyliau. Rhag ofn i ni wrando ar y distawrwydd. Yn y diwedd, cafwyd cyfnodau pryd yr oeddem ni'n dawel, linellau ohonom, am gyfnodau. Ac yn ystod yr ysbeidiau hynny y sylweddolais i nad oes mo'r fath beth â thawelwch. Yn sicr, nid yn y wlad, neu hyd yn oed hanner-gwlad fel y lle yma, gyda cheir yn rhuthro heibio ar un ochr, a ninnau yn wynebu gwyrddni a choed a synau'r nos o'n blaenau. Siffrwd gwynt, er mai prin awel oedd yno . . . Arogli naws eira, bron yn medru estyn eich tafod allan i deimlo'r plu . . .

Ias yn oeri eich clustiau, oeri gymaint nes eu cynhesu, bron, a'r croen yn agored ac yn fyw i bob tro a newid yn yr awel fain. Teimlo gwair a llaid a thir caregog dan eich traed, trwy wadnau tenau, treuliedig . . .

Yn y diwedd, daethai'r tawelwch yn gyfaill. 'Roedd rhyw ymdeimlad o hynny yn llifo trwy'r rhes o ferched a safai mor ddisyflyd yn wynebu tuag i mewn. 'Roeddem ni a'r tawelwch yn gynghreiriaid. A sylweddolai'r rhai y tu mewn hynny hefyd.

Fel gyda phob protest neu ddigwyddiad, safai rhes o filwyr y tu mewn i'r ffens, yn wynebu tuag allan. Rhes o filwyr, llathenni rhyngddynt, yn sefyll ac yn syllu. I ddechrau, 'roedd yn rhaid iddynt hwythau wneud sŵn, yn enwedig pan nad oedd y genod yn y rhes eto wedi tawelu, pan ddeuai caneuon ac ambell i lais gwatwarus, neu ymbilgar, drosodd atynt yn eu lifrai. Dechreuodd y milwyr ganu'n ôl, herio, bychanu:

Maen nhw hyd yn oed yn dwyn ein caneuon, ac yn eu gwyrdroi, fel y maen nhw wedi gwyrdroi'r tymhorau ar y lle yma fu gynt yn hyfryd, a'i wneud o'n jôc ac yn wagedd. Dicter yn chwyddo, yr awydd i dorri'r tawelwch ac i ateb yn ôl. Ond doethineb sy'n ennill, a'r merched yn dal eu gafael yn eu goleuni egwan, ac yn dechrau hymian.

'Roedd un milwr yn sefyll y tu mewn i'r ffens, ychydig i'r chwith oddi wrtha i, yn wynebu Fiona yn union, bron yn syllu i'w llygaid. Bu'n herian, yn cerdded ambell gam yn ôl ac ymlaen, yn gwneud yn fawr o'i lifrai, yn dangos ei nerth. Gwenodd Fiona, ond yn anghyfforddus. Lledodd gwên y milwr: meddwl ei hun yn andros o lanc. A llanc oedd o, yn enw popeth— 'allai o ddim bod fwy na deunaw. Fiona'n annifyr o dan ei edrychiad haerllug, ac ymunodd yn hymian y genod eraill. 'Roeddwn yn ddigon agos ati i glywed tôn yr hymian, a phan adnabyddais y dôn, cymerais innau'r un un. Agos at y Nadolig, a Fiona yn amlwg yn cofio carol. Daeth sŵn yr hymian yn uwch, genod eraill yn codi'r dôn:
Lullay, thou little, tiny Child . . .

Gwelwn olau cannwyll Fiona'n crynu. Troi'n sydyn i edrych beth oedd yn bod. Daliai i sefyll yno, ei dwylo i'w gweld yn wyn wrth fôn y gannwyll, daliai i hymian. yr oedd ei hwyneb dan lif-oleuadau am ennyd wrth i'r rheiny sgubo drosom. Llifai'r dagrau i lawr ei hwyneb wrth iddi ddal i hymian yn benderfynol yr hwiangerdd, y gân i faban, i bob plentyn, i'w phlant a'n plant ni i gyd. Teimlwn yn falch fod yr wylnos bron ar ben: gwelwn bwynt y weithred, ond yswn am roi cysur i Fiona.

Ymhen byr amser dechreuodd y rhes dorri i fyny'n grwpiau. Arhosais innau ennyd cyn symud at ochr Fiona. Cyn gwneud digwyddais edrych eto i gyfeiriad y ffens, a'r gwersyll y tu mewn. 'Roedd y milwr ifanc hefyd yn dawel, ei wyneb tua'r llawr, ei draed yn symud yn anfilwrol anghyfforddus. Y cyflyru'n methu . . .

Teimlwn yn gryfach a hapusach wrth gydio ym mraich Fiona i gychwyn y daith faith yn ôl tuag at wersyll Emrallt.

Dydd Mercher, Rhagfyr 12.

Ymwelydd! I mi? Mae'n aros wrth y Glwyd Oren rŵan, meddai Mitzi, ar ei ffordd i wneud ei hymarferion Yoga ar y patshyn gwair (neu'r patshyn rhew, a bod yn fwy cywir) islaw ein gwersyll, gyferbyn â chwt gwarchod y milwyr. 'Hogan. Reit neis—Cymraes, fatha chdi. Ella'i bod hi wedi dŵad i chwyddo'r rhifau— *Greenham women are everywhere! An-ar-chyyyyy!'* llafarganodd yn siriol wrth i mi ollwng y pentwr coed 'roeddwn i'n ei hel mewn syndod.

Rhedais yr holl ffordd. 'Roeddwn i allan o wynt pan gyrhaeddais y glwyd, ac i ddechrau, 'fedrwn i weld neb na dim ond y trigolion arferol, ac ambell i blisman. Mitzi? Be' oedd ar ei phen . . .

'Hei!'

Llais cyfarwydd wrth f'ochr: trois, a dychryn o 'nghroen, bron.

'Eirian! Y plant, lle mae'r plant, be' sy'n bod . . .?'

Llamai darluniau erchyll i'm meddwl. Ond yr oedd Eirian yn gwenu.

'Maen nhw'n iawn, maen nhw'n iawn, paid â phoeni dim. Mae dy fam wedi galw draw, jest aros am sbel cyn 'Dolig. Mi soniais yn fy llythyr dwytha—Gest ti o?'

Brith gof am lythyr: cof pellach am hanes y teulu, a ymddangosai mor bell pan oeddwn i'n ei ddarllen o, y diwrnod ar ôl i un arall o'r *convoys* fod allan, a'm meddwl i yn wersyll-ganoledig o hyd, yn ystyried hynny fel y dig-wyddiad pwysicaf oll. Ond 'roedd Eirian yn mynd yn ei blaen.

'Wel, roeddat ti'n swnian ar i mi wneud rhywbeth dros heddwch, dŵad yma, a chan fod dy fam yn mynnu 'mod i'n cael rhywfaint o amser rhydd—dyma fi. Jest galw.'

'Wyt ti am aros? Mae gin i fendar, mae o'n reit gyfforddus, mi fedrwn—'

'Hei, howld on, nac ydw i: wyt ti am i Rich feddwl ei fod o'n colli'r ddwy ohonon ni. O! diawl, sori, nid dyna oeddwn i'n feddwl, 'wnes i ddim ystyried . . .'

'Paid â phoeni, 'tydi o ddim o bwys. Ond . . .'

Meddyliau'r cartref yn llifo 'nôl rŵan, Richard

ac Eirian a'r plant a'r Nadolig, a hiraeth yn cronni'n gas . . .

'Gwranda.' Torrodd Eirian ar fy nhraws. Ar wahân i alw yma, dangos ochor aballu, meddwl yr oeddwn i—jest meddwl, cofia—y, wel, ella yr hoffet ti . . . hynny ydi, os oedd arnat ti wir isio—'

'Dod adre, wyt ti'n feddwl?' Medrwn wenu o weld ei hamharodrwydd i grybwyll y fath syniad, rhag ofn fy nigio. 'Tydi hi heb gyfarwyddo â dull Greenham o feddwl hyd yn hyn.

'Eirian bach, paid â meddwl nad ydi hynny wedi croesi 'meddwl i—croesi, myn uffarn i, dyna ydi fy meddwl i wedi bod, ddydd a nos, ers 'dwn i 'im pryd. Meddwl am adra, am y plant . .

.' 'Roedd yn rhaid i mi, aros, sbio o gwmpas, smalio mai ystyried yr oeddwn i yn hytrtach na mygu dagrau. Hyd yn oed yn awyrgylch agored Greenham y genod, gwersyll lle mae meddyl-iau'n rhydd, sut y gallwn i esbonio'r cymhlcthdod oedd yn fy meddwl i? Sut y gallwn i fynegi'r ofn oedd gen i dros yr egin o obaith oedd wedi'i feithrin ac wedi dod i'r wyneb o'r diwedd yng nghanol gerwinder Greenham yn y gaeaf? Yr egin o obaith fod posibilrwydd y buasem ni'n ennill, y deuai rhywbeth o'r safiad anobeithiol, amhosibl yma—clwstwr o ferched blêr yn erbyn grym y taflegrau; di-drefnusrwydd o ran egwyddor yn herio'r Awyrlu, y Fyddin, yr heddlu, llywod-raeth Prydain, yr Unol Daleithiau. Egin o wybodaeth yn brigo trwy flanced eira'r difrawder, yn un arwydd gwyrdd nad oedd y greadigaeth yn hollol wallgof. Am ein bod ni yma. Am y byddwn ni yma, 'waeth beth fo'r tywydd, 'waeth pa fesurau gymerir yn ein herbyn ni, 'waeth pa mor aml y cawn ein certio ymaith, y caiff ein heiddo ei ddinistrio, y poerir arnom, y cawn ein dyrnu a'n difenwi a'n carcharu. Am y byddwn ni yma cyhyd ag y bydd *cruise* yma, ac nad awn ni o 'ma hyd nes yr ân nhw, yn doredig, yn sychau yn lle bod yn gleddyfau'r fall.

Sut i egluro hyn i gyd i Eirian, i Richard? Sut y galla i fynegi fy ofn y difethir yr egin sydd ym mhob merch ac ym mhawb sydd dros heddwch, nid gan erwinder gaeaf didrugaredd, ond gan ormod o wres cynamserol? A fydd gen i'r dewrder i ddweud mai cyfforddusrwydd fy nghartref, moethau arferol bywyd, y mymryn hwnnw o gyfforddusrwydd, fydd yn ddigon i ladd ac i fygu'r egin o obaith ystyfnig, ac a all beri i mi, i bawb sy'n ymylol-ymroddedig fedru'i thwyllo'i hun a dweud, 'Ydi, mae'n broblem ofnadwy, mi ddylid gwneud rhywbeth, mi ddylid gwneud *popeth* yn ei gylch, ac mi wna i—o gwt mochal fy mywyd bach hanner-lled-*ddigon* cyfforddus i.' Dyna sy'n lladd.

Gadawodd Eirian ar ôl ychydig oriau, yn deall, gobeithio, rhyw fersiwn symlach o'r trybestod yma sy'n fy nghorddi i. 'Doedd hi ddim wedi bwriadu fy nwyn i adref mewn steil na gorfoledd heno nesa', chwaith, diolch am hynny. Ond mae'r gwahoddiad i dreulio cyfnod y Nadolig adref yno o 'mlaen. (Gwirion— *gwahoddiad* i fod adref gyda 'mhlant fy hun!) Yn fy nhŷ fy hun—dim ond dros yr Ŵyl. Ond fy nhŷ fy hun—lle mae 'nghartref bellach? Dywedais y buaswn yn meddwl am y peth, ac yn gadael iddi wybod. Meddwl—ond soniais i ddim am yr ail beth y buasai'n rhaid i mi ei wneud. Trafod. Trafod lle gall y meddyliau fod yn agored. Gyda'r genod. Yn y sesiynau hirion o gwmpas y tân ac yn y mwg.

Dydd Sadwrn, Rhagfyr 15.

Mae mwy o ferched yn cyrraedd y dyddiau hyn. Eironig, braidd, a minnau wedi bod yn ymlafnio'n feddyliol ers dyddiau a nosweithiau i gyfiawnhau dychwelyd adref—am sbel, wrth gwrs. Neu yn yr oriau du, os du hefyd, yn dweud wrthyf fy hun ac wrth bawb arall wnaiff wrando nad oes modd i mi fradychu'r gwersyll a'r genod fel hyn, a ffoi pan fo fwyaf f'angen. Ond edrychais ymlaen at fedru trafod y peth, a dyna lwyddais i'w wneud. Er hynny, 'tydw i ddim yn siŵr eto o'r ateb. Oes unrhyw un?

Dydd Sul, Rhagfyr 16.

Colleen ddaeth ata i rŵan, amser cinio, a hi a minnau newydd godi, yn gyndyn o adael ein bendars gan i ni o'r diwedd lwyddo i gynhyrchu rhywfaint o wres yn ein cyrff. Ond ymlwybro allan fu raid, a'r oerfel yn nadu i ni wneud dim arall ond swatio o flaen y tân. Darllen papur Sul a adawyd gan ryw gefnogwraig. Darllen am newyddion y byd, dibwys neu frawychus o berthnasol, a hynny rhwng y sbloet o hysbysebion Nadolig. Darllen am y newyn rhwng yr hysbysebion. Ethiopia. Enw lle sy'n dod mor gyfarwydd â Greenham. A Colleen yn trafod.

'Wrth gwrs 'mod i'n poeni amdanyn nhw. Ond faint o'r blydi papurau ddiawl yma sy'n dweud y gwir, yn syml ac yn blaen? Y gallan nhw wneud mwy na digon, drosodd a throsodd eto, dim ond wrth wagio'r granerdai sy' ganddyn nhw yn griddfan efo bwyd wedi'i or-gynhyrchu? A dyma lle maen nhw yn sôn am gost a phrotocol a chynsail ac ymarferoldeb tra bod pobl yn marw. Fel fan hyn. Gwallgo, 'tydi,—tynnu cymhariaeth rhyngom ni ac Ethiopia? 'Fedri di ddychmygu'r wasg yn neidio ar hynna?

Ond cofia, mae 'na rai eraill yn neidio ar Ethiopia—ar yr achos—ac nid sôn am y newyn yn unig yr ydw i. Wyt ti wedi sylwi'n ddiweddar ar Mitzi?'

'Mitzi—beth amdani?'

'Dim, yli—paid â 'meddwl 'mod i'n dweud yr un dim yn ei herbyn hi—ond mi wyddost sut mae'r hanes am hyn i gyd wedi effeithio arni hi?'

'Arnom ni i gyd, 'ddyliwn.'

'Digon gwir. Ella mai dychmygu yr ydw i. Ond mae Mitzi'n ifanc. Ac fel yr ifanc, yn nabod y ffasiwn pan ddaw o ac yn barod iawn i fod yn *trend-setter.*'

'Colleen, 'dwyt ti 'rioed yn awgrymu mai mater o ffasiwn ydi o efo Mitzi? Pryderu am y ddaear, y ddaear a'i phethau i gyd y mae hi, fwy na'r un ohonom ni yma yn Emrallt, 'ddyliwn . . .'

Teimlwn yn wan ac ansicr. Emosiynau cas, bob-dydd yma, yn ein gwersyll ni, lle'r oedd yr hedyn yn cael ei feithrin? Cenfigen, sôn am bobl yn eu cefnau. A Colleen o bawb? Mi laswn fod wedi gwybod yn well. 'Roedd hi'n prysuro i esbonio.

'Ydi. Ydi, mae hi. Ac yn gweld lle bydd y sylw, lle bydd modd gwneud mwyaf o effaith—gwneud effaith er lles yr hyn mae hi'n poeni amdano.'

'Mi wyddost be' mae hi'n feddwl o'r cyfryngau, y papurau newydd, neno'r Tad.'

'Wrth gwrs. Ond mae hi'n ddigon pragmataidd i fedru trio'u llywio nhw, hyd yn oed. Neu geisio troi'r llif i'r cyfeiriad iawn,—ddeudwn i o felna. Ac mae hi'n ddigon cryf. Yn gref ac yn ifanc.'

Am y tro cyntaf ers i mi ddod i'w nabod hi, 'roedd Colleen yn edrych fel gwraig mewn oed. Gwraig â'i hoed yn pwyso arni. Closiais yn nes at y tân, trio closio'n nes ati hi.

'Be' wnei di, Colleen?'

'Fi? Yma y bydda i, wsti.'

'Paid â'i ddeud o felna! Yma y byddwn ni i gyd—wel, y ffyddloniaid. A genod eraill, genod newydd yn dŵad trwy'r amser i'n hatgyfnerthu ni, mi wyddost hynny. Dŵad o bob rhan o'r byd, hyd yn oed os oes yna rai yn anobeithio ac yn gadael. Beth am y pedair yna ddaeth o Seland Newydd yr wythnos dwytha'—wedi morgeisio'u tai i ddod yma, wedi gadael popeth . . .'

'Wn i, wn i. 'Tydw i ddim yn anobeithio.' Dywedodd y peth mor ffyrnig o benderfynol, swniai fel ymgais i ewyllysio'r peth nad oedd hi ei hun mewn gwirionedd yn ei gredu.

Gafaelais yn y gwpan graciog. Ychydig o wres oedd ar ôl. Codais, rhag cyffio, oddi ar y gadair anghyfforddus, sythu, sbio o 'nghwmpas ar wersyll Emrallt. Sefyll yn yr un lle ag y sefais pan gyrhaeddais gyntaf un a chael fy nghyfareddu gan y dail a'r coed a'r faner a chwifiai mor naturiol, yn arwydd o bresenoldeb y gwersyll. 'Roedd y faner yn dal yno. Rhacsyn truenus, gwlyb yn hongian yn llipa, rhai o'r sumbolau a wniwyd arni yn hongian yn rhydd ac yn llac, y cyfan yn llipa lle nad oedd y rhew wedi dechrau cyffio ochrau a godreon y defnydd. A dyna'r unig beth oedd ar y coed. Nid oedd y dail i'w gweld yn unman: 'roedd popeth yn foel, yn farw. Syllais ar y brigau, cofio galarnad Mitzi dros y tir a phopeth byw. mae popeth yn marw, maen nhw'n lladd popeth, hyd yn oed y rhuddin yn y coed a'r planhigion. Mae'r grym dan y dywarchen ffug wedi llwyddo i ledaenu ei wenwyn o dan y weiren, nes bod natur yn ddryslyd ac yn wywedig: fel hyn y bydd y coed am byth, nes iddyn nhw gael eu chwilfriwio am y tro diwethaf un. Mi ddaw yna adeg pan fydd

modd edrych yn ôl hyd yn oed ar y marweidd-
dra yma fel arwydd o fywyd, y bywyd naturiol
dwytha cyn i'r gaeaf ddŵad am byth . . .

Ond 'fydd yna neb i edrych yn ôl.

Dydd Llun, Rhagfyr 17.

Cefais ysgytwad. Am y tro cyntaf ers i mi
fod yma, mi welais a chlywais heddiw arwydd o
gasineb, drwg-deimlad gwirioneddol—o du'r
genod. Na, mae rhywun yn cyfarwyddo efo
drwg-deimlad yr heddlu a'r milwyr a'r beiliaid
pan ddaw'r *convoys* i falu'n fuddugoliaethus
trwy'r clwydi, neu pan ddaw dynion y llys â'u
gorchmynion a'u peiriannau i falu a chnoi a
dwyn ein heiddo i gyd. Ond gweiddi'r merched
yn gynnar y bore yma a'm tynnodd i allan o'r
bendar i syllu.

'Roedd yna symudiad y tu mewn i'r ffens.
Carfan o filwyr yn martsio. Digon cyffredin. Be'
sy'n gwneud i bawb weiddi? meddyliwn, heb
eto ddeffro'n iawn, a heb ddeall. Yna gwelais y
lifrai gwahanol. Americanaidd oedd y rhain.
Dim ond un rheng, yn disgyn o gefn lori ac yn
mynd yn ddisygbledig tuag at un o'r adeiladau.
Ond codai'r gweiddi'n sgrech, yn ddilywod-
raeth bron.
'Ewch o'ma, ewch odd'ar ein tir comin ni!'
'*Yankee go home . . .*'
Ubain cyfarwydd, hwi-hwian yr Indiaid
Cochion, cri larwm gyfarwydd y gwersyll.
'Cadwch draw o'n tir ni, 'dan ni mo'ch isio chi!'

'Go home, you Reagan rubbish . . .'
Un llais glywais i wedyn, un llais, llais Mitzi i adfer ffydd:
'Dewch yn ôl fel unigolion . . .'

A'r golofn, heb edrych i'r dde, i'r chwith, heb fyth edrych i lygaid yr un ohonom, yn martsio yn ei blaen.

Meistri'r taflegrau. Gan y rhain y bydd y gynnau. A'r taflegrau'n feistri arnyn nhw, er na wyddan nhw hynny. Yr ydw i'n dal i grynu. O'u herwydd nhw, ac oherwydd y gweiddi.

Dydd Mawrth, Rhagfyr 18.

'Fedra i ddim ymuno efo Mitzi, Sam a Marie sydd wrthi'n brysur yn hongian ac yn plethu addurniadau Nadolig ar wyrdd y weiren. 'Fedra'i wneud dim, ond eistedd a chrynu yn y bendar. 'Rydw i'n llonydd wrth y tân pan fentra i o 'nghartref, ond yn methu hyd yn oed ag ymuno yn y trafod. Clwstwr o genod o'r Glwyd Werdd wedi dod draw yma, i drafod un o weith-redoedd neithiwr. Gweithred a symbylwyd gan bresenoldeb yr Americaniaid. Gweithred eitha' llwyddiannus, ac un a dynnodd dipyn o sylw'r wasg, hyd yn oed, gan ei bod hi mor agos i'r Dolig ac y gallai hynny ymddangos yn sumbolaidd. Gweithred y gwyddwn i amdani. Ond un nad oedd gen i mo'r symbyliad i ymuno ynddi. Pam fy mod i yma, yn y tymor oer hwn, a 'nghalon i'n hesb?

Dydd Mercher, Rhagfyr 19.

Daeth Jody ata i, wedi bod draw yn Blue Gate. Giang o gefnogwyr o Muswell Hill wedi galw am ymweliad gwib, yn dŵad ag anrhegion Nadolig i'r gwersyllwyr. Lwcus fod Jody'n nabod rhai ohonyn nhw—dwy eneth fu'n aros yn Emrallt am gyfnod yn ystod yr haf: mi lwythwyd hi ag anrhegion, a dyna lle'r oedd hi o 'mlaen i, poteli wisgi yn blodeuo o'i hafflau, a chlamp o bwdin Dolig yn beryglus o ansad ar ben y pentwr.

'Sut ddiawl maen nhw'n disgwyl i ni ferwi hwnna?'

'O . . .' Gwelais y siom yn syth yn wyneb Jody wrth glywed f'ymateb anraslon. Codais ar unwaith.

'Rarswyd, mae'n ddrwg gin i, hogan. 'Dwn 'im be' ddaeth drosta i. Yli, mi ro i help llaw i ti, neu mi fydd y poteli'n jibidêrs, ac mi gei di bryd o dafod wedyn . . .'

'Gin Sam, ella.' Roedd Jody wedi adennill ei hwyliau da yn syth. 'Os daw hi a Marie'n ôl o'r parti wrth Blue Gate. Golwg setlo am byth yno arnyn nhw, o'r hyn welais i. 'Roedd giang o hen fêts Sam wedi dod o Lundain. Anrhegion lond y lle. A smôcs ddigon i yrru pawb i hwylio dros ben y weiren am bythefnos . . .'

Arhosodd. 'Roeddwn i'n dal i ddidol y parseli, felly sylwais i ddim am funud ei bod hi wedi mynd yn ddistaw. Edrychais i fyny, a'm dwylo'n dal mewn pentwr o fenig, cynheswyr coesau a sgarffiau.

'Jody?'
'Meddwl am anrheg arall.'
'Mm?'
'I ti.' Daeth y geiriau'n rhaeadr. 'Mae un o'r criw Muswell Hill yn mynd yn ôl heno. Mynd i weld ei chariad yn ei gartref. Gofyn os oes rhywun yn y gwersyll isio lifft. I Gymru.'
Rydan ni'n dwy'n edrych ar ein gilydd.

Dydd Mercher, Rhagfyr 19.

Peth od ydi tŷ. Rhyfedd, caeëdig, myglyd o boeth. Waliau yn eich cau i mewn. Fel waliau Holloway. Ond 'does dim carcharorion yma. 'Does dim ond cynhesrwydd yma. A neb yn eich gwylio. Dim ond Richard. Richard, wedi'r croeso llesmeiriol cyntaf, yn troedio'n ofalus. Finnau hefyd. Ail-arfer. Ail-nabod. Peth od.

Diolch i'r drefn, dim byd od am y plant—neu eu hymateb o leia'. Gerallt yn sgrechian crio—ond mi ddylaswn fod wedi disgwyl hynny. Yr ydw i'n ddiarth. Fel fynta. Y plentyn bach yma sy'n cerdded ac yn dechrau parablu—hogyn bach ydi o. Lle mae fy mabi i? Mae Angharad yn hŷn, yn actio'n hŷn i wneud argraff ar ei brawd bach. Dw i'n cael hanes yr ysgol a'r eira—dyn eira, peli eira. 'Fuost ti'n gneud dyn eira yng Nghomin Griman, Mam?'

Nadolig.

Wedi ymlâdd. A heb wneud hanner y coginio, chwarter y paratoadau fydd yn arfer fy moddi adeg Nadolig. Llawn dop o fwyd nes 'mod i'n teimlo'n swp sâl. A theledu. Rydw i'n cael ei sŵn o'n annioddefol, ac yn gorfod gadael yr ystafell.

A'r gwres, cynhesrwydd ym mhob man. Yr oeddwn i hyd yn oed yn teimlo'r peth yn y capel, pan oedd pawb arall yn cwyno ei bod hi'n oer. 'Meddyliwch, mi lasan fod wedi gneud ymdrech arbennig ar Ddydd Dolig i gadw'r lle'n gynnas, a nhwtha'n disgwyl pobol i ddŵad.' Wrth gwrs, mae hi'n dymor ymwelwyr yn y capel. 'Run fath ag ymwelwyr Muswell Hill yn y gwersyll. 'Ddeudais i ddim. 'Fasa nhw ddim yn dallt. Ei chael hi'n ddigon anodd i ddallt unrhyw neges am Dywysog Tangnefedd. Meddwl am Mair, yn oer ac yn crynu wedi'r geni, gwaed ar y gwair a'r bychan yn ddiam-ddiffyn yn erbyn yr elfennau. Mae rhywun bob amser yn meddwl am y preseb a'r stabal fel llefydd oer.

Mi gefais anrhegion. Anrhegion—a finna'n rhoi pres i bawb, mewn cywilydd yn gorfod gyrru Eirian allan i'r siop i gael pethau i'r plant. Mae Eirian yn gwenu, yn dallt, ac yn rhoi siwmper fawr gynnes i mi, a phâr o gynheswyr coesau newydd. Hefyd potel ddŵr poeth. Ond mae jôc Richard yn well. Ac yr ydw i'n dallt, yn ei garu o. Am ei fod fo'n dallt.
'Be' ddeudith y genod pan â i yn f'ôl efo clamp o *cocktail set,* gwydra posh a phob dim?'
'Dôs â rwbath i roi ynddyn nhw, ac mi fyddi di'n boblogaidd.'

'Wel, mi fedra i fod yn siŵr y bydd 'na ddigon o rew i gymysgu . . .' Pan â i yn ôl, dw i'n meddwl mai gadael y set goctel wna i, er hynny.
Pan a i yn ôl. Dyma'r tro cyntaf i mi feddwl am y peth o gwbl ers i mi ddychwelyd.
Pan.
Os?

Dydd Gŵyl Sant Steffan.

'Braf i ti gael loetran yn dy wely tan hanner dydd,' meddai Richard y pnawn yma, wrth i mi ymlwybro i lawr yn fy ngŵn-wisgo. Druan bach, mae 'na rai manylion o fywyd y gwersyll nad ydi o'n gyfarwydd â nhw eto. Ond diogi, nid gweithred, sy'n fy nghadw yn fy ngwely yma. Diogi, a'r inswleiddio llesmeiriol rhag y tywydd sy'n digwydd mewn tŷ. Rŵan y sylweddolais ei bod hi'n bwrw. Yn Greenham mi fuaswn wrthi ffwl sbîd efo'r genod yn trwsio bendars, cadw'r coed yn sych. Yma, rydw i'n troi swits ymlaen.

Dydd Llun, Rhagfyr 31.

Dydd ola'r flwyddyn. Addunedau Blwyddyn Newydd. 'Does arna i ddim isio meddwl. Mae arna i ofn meddwl am y flwyddyn i ddod, fel y mae arna i ofn meddwl am yr hyn a aeth heibio. Ddechrau eleni, beth oeddwn i'n wneud? Beth *oeddwn* i? Sbio'n ôl yn fy nyddiadur, synnu a rhyfeddu. Darllen geiriau rhywun arall. *Mae'n rhaid i mi gryfhau.*

Gwneud mwy dros y mudiad heddwch. Mwy o gyfarfodydd C.N.D. Ac efallai, os ca i gyfle, ymweld â Chomin Greenham.

Ydi'r adduned yr un fath?

Dydd Sadwrn, Ionawr 5.

Fan hyn mae fy mlwyddyn newydd i yn cychwyn. Mi ês, yn anfoddog, i'r car efo Gwenith, hithau wrth y llyw. 'Roedd hi'n gall, yn ddistaw. Tasa hi wedi gofyn unwaith, 'Wyt ti'n siŵr dy fod ti'n gwneud y peth iawn? Oes arnat ti isio troi'n ôl?', mi faswn wedi pledio arni y funud honno i droi adre, fy nwyn i'n ôl i gyfforddusrwydd y tŷ di-dymor, gwneud i mi anghofio'r hyn oedd o 'mlaen i. Ond ddaru hi ddim. 'Ddaru ni ddim siarad fawr o gwbl, a dweud y gwir, nes ein bod ni ar y draffordd.

A hynny roes gychwyn i'n sgwrs ni. Wyt ti'n cofio'r teithiau i Lundain, i lysoedd a phrotestiadau'r iaith? Mynd i Lundain yn gyfarwydd, yn rhan o'n bywydau. Fel y mynd i Gaerdydd, Abertawe, Caerfyrddin. Enwau dechrau'r saithdegau. Haf hirfelyn . . .

'Roedd yn rhaid cymryd gofal ar y draffordd rŵan. Niwl ac oerni, a pherygl. Ond yr oeddem ni'n gwybod i ble 'roeddem ni'n mynd, yr un fath. A Gwenith yn synnu ata i, yn dal i synnu ata i yn mynd yn ôl. Fy ngollwng i yn unig wnaiff hi, meddai, gan fod yn rhaid iddi hithau fynd yn ôl. I gyfarfod ynglŷn â statws yr iaith, dim llai. Faint sydd wedi newid? Yr ydw i'n

mynd yn anfoddog i Greenham, ond prin y
medra i ddeall Gwenith.

Ceisiais ymysgwyd yn rhydd o'r meddyliau
yma cyn i ni gyrraedd y gwersyll. Ond 'fedrwn i
ddim llai na meddwl am *I'r Gad* yn heneiddio ac
yn haearneiddio'n *'Dan Ni Yma o Hyd,* un
achos yn tyfu'n fwy ffasiynol wrth i achos
arall—ac iaith—farw. A phan fydd y wasg wedi
gwasgu'r diferyn ola allan o'r mudiad
heddwch, lle bydd trendis Muswell Hill wedyn?
Gin i syniad, oherwydd mae'r achos eisoes yn
gwawrio, a'r rhai mwya' blaengar yn symud o
aeaf diobaith, di-gyfryngau y diarfogwyr i
wanwyn mwy gobeithiol eu consárn dros y
Trydydd Byd, y De difreintiedig nad ydi
technoleg y silos o fewn eu cyrraedd nhw.

Mae trwynau'r cyfryngau yn synhwyro'r
sudd yn y stori honno'n barod, ac yn troi tuag
ati. A'r peth gwaetha ydi y *byddwn* ni yma o
hyd—y bydd yna weddillion pathetig yng
Nghymru, a chlwstwr diobaith dan law creulon
yn dal i eistedd o gwmpas y tân, eu llygaid yn
goch gan y mwg parhaus a chan wylo . . . Ac mi
fydd rhywun yn gweld rhaglen ddogfen am
ddelfryd gwych, ffôl, ac yn cofio. Greenham . . .
o ia. O, ac mi gafodd hogan ei lladd yno, 'ndo?

Dydd Sul, Ionawr 6.

Mor sydyn yr ydw i yn ôl yn nhrefn pethau.
Fy nhro i y bore yma i nôl coed: 'roeddwn i mor
awyddus i wneud rhywbeth, cymryd rhan, a

dangos 'mod i'n dal yn perthyn i'r gwersyll. Mi wnes i hyd yn oed gynnig mynd i balu dros y cwtch-cachu, ond 'roedd Mitzi eisoes wedi mynd.

'Llai o waith, llai o iws ar y lle rŵan,' meddai'n siriol. Llai o ferched yma i'w ddefnyddio.

Mae'r paneidiau yma o hyd, a minnau'n ail-gyfarwyddo â blas mwg wedi'r moethusrwydd. Biti na ddois i â'r gwydrau coctel . . . Am un ar ddeg y bore??? Ar y Sul??

Pnawn. 'Does neb yn siŵr iawn beth sy'n digwydd. Ychydig mwy na'r arfer o blismyn o gwmpas, ac eto dim rheswm amlwg am hynny. Os rhywbeth, mynd adref mae'r genod, y pen-wythnos drosodd, gwaith yn ailgychwyn wedi'r gwyliau. Sibrydion y daw *convoy* arall allan heno, a'r grwpiau gwylio yn barod. Jody a Gaynor yn trefnu i fynd at y ffôn i roi gwybod i'r 'gadwyn gadw' ledled y wlad sy'n rhoi gwybod i'r canghennau oll am symudiad y taflegrau. A gobeithio y tro yma na fydd y teliffonau'n cael eu torri wrth i'r cerbydau symud tuag at Salisbury.

Dydd Llun, Ionawr 7.

Dyma ni'n gwybod rŵan. Fel ffyliaid, mi fuom i fyny drwy'r nos, bawb yn ei dwrn, yn gwylio'r clwydi, yn gwylio'r symudiadau y tu mewn i'r gwersyll. Dim. Dim mwy nag arfer, ambell filwr ar ei rawd, ambell gerbyd. A'r clwydi'n ddistaw.

Ac yna, yn gynnar y bore yma, mi ddaethon nhw. Heibio i'r gwersylloedd wrth y clwydi y tro hwn, mi ddaeth y beilïaid yn syth atom ni, ar y comin, trwy'r coed, yn sathru dan draed hynny oedd ar ôl o natur fyw, ac yn anelu'n syth tuag at y gwersylloedd llai. Emrallt yn eu mysg.

Y rhybudd cyntaf gawson ni oedd gweld Zee o Blue Gate yn rhedeg atom drwy'r coed, ei llaw o flaen ei cheg, yn ubain ac yn udo wrth redeg, yn rhybuddio, Maen nhw'n dŵad, Maen nhw'n dŵad, maen nhw'n mynd am y gwersylloedd i gyd, maen nhw'n ymosod ar y tir comin, ar ein tir ni, 'does ganddyn nhw ddim hawl . . .

'Roedd plisman yn dod ar ei hôl, yn prysuro heibio iddi ar ei ffordd tuag at wersyll y llysieuwyr, cyn dod at Emrallt. Hergwd i Zee o'r neilltu—fflach ei gwallt gwyrdd yn disgyn, coes lifrai'r swyddog yn sathru'n ddiofal arni cyn camu ymlaen i gynorthwyo'r beilïaid oedd yn anelu at y clwstwr pebyll yn y coed nesaf at ein gwersyll ni.

Rhyw dair bendar sydd yng ngwersyll y llysieuwyr. Y targed hawdd cynta. Camodd dau ddyn mawr ymlaen, wrth i ddwy o'r genod gamu allan o'u bendar oedd yn dwyn y neges ar ei ochr—*Vegans and Fruitarians for a More Compassionate Diet.* Y faner honno oedd y gyntaf i fynd—llaw fras yn ei rhwygo, ac wrth rwygo, ochr y bendar yn dymchwel. Wynebau gwelwon mewn braw, mwy o ferched yn baglu ac yn camu drwy'r coed. Ond yr oedd yn rhy hwyr. Ceisiodd Danielle, un o ferched y bendar faluriedig, ruthro i gydio yn ei hunig eiddo, ei sosban. Codi'r celficyn du, ei ddal o'i blaen fel tarian, cychwyn ei guddio, ond cafodd hyd yn oed y sosban ei chipio oddi arni, ei basio ymlaen at y gŵr nesaf; yn awr yr oedd car y beilïaid yn nesáu'n beryglus o agos, heibio i arwydd Cyngor Newbury, *No Vehicles Beyond This Point.* 'Roedd eiddo'r figaniaid, gweddillion y bendar, yn cael ei luchio at y gwŷr yn y car, a hwnnw'n troi wedyn ac yn sgrialu'n ôl ar y llwybr, i lawr yn ôl tuag at y glwyd a thuag at y peiriant—y *cruncher*—oedd yn disgwyl yno i droi manion byw a bwyta yn shitrwns yn ei safn.

Safai Danielle a'i chyfeillion yn syfrdan yn y gwacter fu gynt yn gartref iddynt. Ond wrth weld symud y plismyn a'r beilïaid, dyma nhw'n symud yn reddfol tuag atom ni, ffoi tuag at Emrallt, ond nid am noddfa, ffoi i amddiffyn ac atgyfnerthu, oherwydd Emrallt oedd y targed nesaf, ac yr oedd cysgod y *cruncher* yn hofran y tu ôl i ninnau hefyd.

Mitzi, Sam a Marie oedd agosaf. 'Ddaru nhw ddim ceisio rhedeg i amddiffyn eiddo, dim ond mynd yn syth at y beilïaid, cyn i'r heddlu, hyd yn oed, eu rhwystro. Symud ymlaen ddaru'r ddau heddwas unwaith iddyn nhw sylweddoli, ond nid oedd yr un o'r tair yn gwneud unrhyw ystum fygythiol. Sefyll. Dim ond sefyll, rhes o dair, yn erbyn y dynion oedd yn anrheithio cartref. Tawelwch yn wyneb y barbareiddiwch.

Ac yn dawel, yna'n gynyddol, yn uwch, nes i
bob un o'r merched ymuno yn y gân:
'You can't kill the spirit,
She is like the mountain, old and strong.
She goes on and on and on and on . . .'
'Fu'r beilïaid ddim yn hir yn mynd ymlaen
â'u gwaith. Syndod cyn lleied o eiddo oedd yno,
a dweud y gwir. Bu gwersyll Emrallt yn sefyll
ers yn agos i ddwy flynedd: deunaw mis da
gyda'r un genod. Safem i gyd yn gylch, rhai'n
gafael yn eu dillad, ambell i ddernyn wedi ei
achub, ond mwyafrif celfi'r gwersyll yn
diflannu, popeth yn cael ei ddifa. Popeth ar ben
. . . A daliai'r gân i godi.
Tua diwedd y dinistrio, gwelsom y dynion yn
prysuro, a'r heddlu fel petaent yn anesmwytho.
'Fedrwn i weld dim yn glir, sut bynnag: 'fedran
nhw ddim lladd yr ysbryd, hwyrach, ond
fedran nhw ddim chwaith atal y dagrau rhag
llifo. Fiona roes bwniad i mi, pwyntio tuag at y
llwybr at y brif glwyd, lle'r oedd y beilïaid yn
diflannu, heibio'r llanast fu gynt yn gartref y
figaniaid. 'Roedd grŵp o ddynion yn dod i'r
cyfeiriad arall, tuag atom ni. Dynion yn cario
rhywbeth. Sythais. Ofn eto. Beth rŵan? Ond
'roedd cynnwrf yn llais Fiona.
'Teledu!'
'Rhy blydi hwyr rŵan, 'tydi?' Ebychiad swta
Sam i gyfeiriad y ddau ddyn oedd yn nesu. A
merch efo nhw, hefyd. Ac yr oedd y ferch yn
nesáu atom ni.

'Chyfrannais i fawr tuag at y cyfweliad, er, mae'n rhaid dweud, 'roedd yr hogan oedd yn cyfweld yn ymddangos yn reit glên. Wedi cael lluniau o'r eiddo'n diflannu i'r *cruncher*—lluniau trawiadol, lluniau da, fasa hi'n ddweud, ond ei bod hi'n sylweddoli nad *da* oedd y gair addas, o ystyried beth oedd yn diflannu i'w grombil. Siawns gwneud rhyw eitem fach— 'fedra hi ddim addo llawer, cofiwch . . .

Mae hi wedi mynd rŵan. Maen nhw i gyd wedi mynd, y plismyn a'r beilïaid a'r teledu. Ac Emrallt. Dw i'n teimlo fel petae rhywun wedi cipio Angharad oddi arna i. Gwirion. Mi wn fod Angharad yn saff, mi wn hefyd mai mynd yn ôl ati hi ac at Gerallt a Richard wna i yn y pen draw, hyd yn oed os glyna i yn yr ysbryd at Greenham, oherwydd mai nhw ydi rheswm fy modolaeth i, a rheswm fy mhrotest dros eu bodolaeth, ein bodolaeth ni i gyd. Dyna pam y mae'n rhaid i mi werthsefyll y gaeaf. Ond rŵan, fedra i wneud dim ond yr hyn y mae'r gweddill ohonom yn ei wneud, yn ein llochesi dros dro trwy garedigrwydd genod Blue Gate,—gwylio, a galaru dros Emrallt. Galaru, a chofio difodiant cymuned wâr.

Dydd Mawrth, Ionawr 8.

Rhaid trio bwrw ati, mae'n debyg. Yr ydw i'n teimlo'n euog, gan fod Jody a Mitzi eisoes wedi mynd ar gylchdaith i'r gwersylloedd eraill o gwmpas y *perimeter*, i geisio hel defnyddiau i roi rhyw fath o le byw at ei gilydd eto. Mae gan Denise hefyd restr—fel rhestr negas yn union—ac mae hi'n mynd o gwmpas y peth yn hollol ymarferol, yn begian fan hyn, siopa fan draw, mynd at un o'r bendars sy'n dosbarthu'r pres er mwyn cael cyfran i ailgodi pethau. Ailgodi? Mi fedrwn wneud efo pobl fel hi ar ôl yr holocost. Yna y bydd gobaith goroesi'r gaeaf. ond 'ddigwyddith o ddim, achos mi fydd Denise a'i thebyg wedi mynd yn ysglyfaeth yn y ffrwydriad neu'r peth gwaeth sy'n dilyn. Pobl y gaeaf yn unig gaiff eu cadw.

Mae'n rhaid i mi geisio gwneud rhywbeth. Cyn mynd adref.

Dydd Mercher, Ionawr 9.

Richard yn cyrraedd y pnawn yma! Ac mi gwelais o yn syth, gan ein bod ni'n dal i fyw wrth Blue Gate, ac mai at fanno y daeth o. 'Fedrwn i ddim credu pan welais i'r car yn agosáu—yr unig gar i fod yn y cyffiniau ar y pryd, fel mae'n digwydd.
'Hei, sbia pwy dw i wedi'i ddŵad i dy weld ti!'
Nesáu yn reit ofnus ddaru o, ond pan welodd o fi, 'roedd y llawenydd yn ei wyneb o. Ac ar fy wyneb innau hefyd, pan welais Gerallt yn bowndian ar ei sêt-babi yng nghefn y car!
'Ddoist ti 'rioed â fo yr holl ffordd . . .'
'Cysgu fel angal am hannar y siwrna, a pharablu'r gweddill . . .'
'Nest ti newid 'i glwt o ar y ffordd, 'do . . .'

'Ddim wedi bod yn deulu un-rhiant am wyth-
nosau am ddim byd, wsti—efo help Eirian.'
'Ond ydi hi'n iawn—ac Angharad—'
'Mae 'na ffasiwn beth ag ysgol, wsti. Ond gweld
dy lun wnes i—'
'Be?'
'Ar y teledu. Hanes y gwersyll. Dw i'n gwybod
mai dydd Sadwrn oedd Eirian i fod i ddod, ac yr
oeddat ti'n edrach yn iawn yn y cyfweliad, ond
'roeddwn i'n poeni dipyn, ac yn meddwl hefyd
eich bod chi heb ddim—tacla coginio, bwyd
aballu, a chan fod gen i ddiwrnod yn rhydd, mi
ddois. A'r rhein. Sosbenni aballu. A bwyd. Y
gangen wedi bod yn hel . . .'
A thynnodd anferth o barsel allan o gefn y car.
Sosbenni, hen wok roeddan ni wedi'i roi o'r
neilltu, dillad, bara . . . Heidiodd genod Blue
Gate yn nes.
'*Santa Claus come late!*'
'*Look, it's for Emerald . . .*'
'*Food!*'
'Fedri di aros rywfaint . . .'
'Wyt ti am ddŵad adra rŵan, ta be?'
'*I must ask you to move this car, sir . . .*'
'O damia, uffar, lle dw i i fod i'w barcio fo? Yli, ti
sy'n dallt y dril fan hyn: mae'r genod yma'n
iawn, y blydi slob lari 'ma sy'n mynd ar fy
mrêns i . . .'
'*Is this your kid? Oh look, he's lovely? Boy?
Never mind, love, better luck next time . . .*'
Ac yn chwerthin i gyd, cydiodd un o enethod
Blue Gate yn llaw Gerallt, a, syndod y byd,

hwnnw'n gwenu fel giât arni, yn lle gwneud ei dric arferol o sgrechian cyn gynted ag y deuai rhywun diarth o fewn canllath iddo. Estyn ei fraich fach dew allan i gydio'n ei chlust-dlws, a dawnsio o gwmpas gyda hi yn y llaid . . .
'*Look, sir, you've got to move this vehicle—*'
'*Oh all right.* Yli, tyd efo fi, hogan, neu fi fydd yn clinc . . .'

Mi gydiais yn Gerallt, a'i sodro fo, yn protestio'n huawdl o golli ei gyfeilles, yn y cefn, a neidio i'r car i gyfarwyddo Richard i'r gilfan. Oreit, mae o wedi dŵad, mae o wedi dŵad i'm nôl i. Dyna'r peth calla. 'Does gen i fawr ddim eiddo i'w hel, ac mae o wedi clywed y cyfweliad. Y cyfweliad am y dinistrio sydyn wedi gwneud argraff, hyd yn oed yn awr ar dymor diflastod pan mae popeth yn dod i ben. Ond mynd fydd raid i mi.

Mynd. Mi gerddais yn ôl efo Richard, yn cario Gerallt, yn ôl at Blue Gate. Erbyn hyn 'roedd Mitzi, Jody, Sam a Marie yno, wedi dod yn ôl o hel gwahanol bethau. Gerallt oedd yn cael y sylw, plentyn yn dod yn ganolbwynt yn syth, ei foddi â chariad, yn atgof o Jay, gafodd ei eni yn Greenham, yn atgof o bob plentyn fu gan bob un o'r mamau hyn.

Ffarwelio oedd hyn i fod. Prin y medrwn dynnu'n rhydd oddi wrth gofleidiau'r genod, a 'doedd arna'i ddim isio gwneud, sut bynnag. Ydw, ydw, mi 'rydw i'n dŵad yn ôl. Ofnais ddweud pryd. Ofnwn ddychwelyd, gan nad oedd gwersyll i mi bellach. Ond mi ddof yn ôl

wedi rhoi wythnosau, misoedd efallai, o ofal i'r
plant ac i'r cartref ac i Richard. Mi fuasai'r
genod yn dallt. Marie a Sam a Mitzi a phawb—a
Jody a Colleen.

Lle'r oeddan nhw? 'Roedd pawb o gyn-
wersyllwyr Emrallt yno, ond y ddwy, y ddwy
oedd bwysica' i mi. 'Fedrwn i ddim ffarwelio
heb eu gweld nhw. Ffarwelio gan feddwl eu bod
nhw wedi cilio, llechu yn un o'r gwersylloedd
wrth y clwydi eraill, dros dro, yn ddigartref.
Fiona ddywedodd.

'Mi aethon nhw yn ôl, dim ond newydd fynd.'

'Yn ôl?' Fedrwn i ddim deall. I b'le? Pa gartref,
pa gilfan oedd ganddyn nhw? 'Tydyn nhwtha
hefyd ddim wedi cilio mewn anobaith? 'Yn ôl i'r
llannerch.' Amneidiodd Fiona tuag at y coed tu
hwnt i wersyll Blue Gate. Yn ôl tuag at lle bu
Emrallt.

Rhuthrais yno, yn ofni. Wedi gweld diwedd y
gwersyll . . . Baglu dros foncyffion, llithro yn y
mwd fel y llithrodd Zee wrth redeg i'n rhyb-
uddio. Beth welwn i yno? Rhuthro a rhedeg a
baglu drwy'r coed noethion . . .

'Roedd Jody yn plygu dros bentwr o ludw lle
bu ein tân. Yn gosod rhywbeth yno. A phan
sylwais, gwelwn mai pentwr newydd o goed
oedd o. Yn union fan lle-tân yr Emrallt a fu
'roedd hi'n ail-gynnau. Ac wrth goeden ymest-
ynai Colleen, yn plygu brigau, yn dal ei gafael
mewn polythên ac yn ail-greu. Rhoddodd wên
lydan pan welodd fi:

'Fel newydd, sbia! Ac yli be' sy' fan hyn!'

Troediais y llaid tuag ati. 'Roedd hi wedi aros ar ganol ailadeiladu'r bendar, a gwelwn hi'n dal yn ei llaw faner doredig ein hen wersyll.

'Mi wnaiff yn iawn pan fyddwn ni wedi ailddechra. Ond nid hynny oedd arna i isio'i ddangos i ti. Yli.'

Edrych i lawr at ei throed, ac yno, ym môn y goeden, gwthiai eirlysiau trwy olion yr eira. Yn fach ac yn wyn ac yn wyrdd wrth fonyn y goeden ac arwydd ail-eni Emrallt. Gwenais ar Colleen cyn cychwyn yn ôl.

Yr ydw i'n gwybod rŵan pryd y do i yn ôl. Ymweliad byr ag adre fydd hwn, ac mi fydda i'n ôl yn Greenham cyn i'r eira feirioli. Mi fydd arna i isio gweld a ddaeth mwy o eirlysiau. Ac mi fydd y Pasg yn gynharach eleni.